Heute
ohne Fleisch

mit Gabi Wolpensinger

Kochbuch für das Modell Thermomix TM31

keller

VERSAND- UND VERLAGSBUCHHANDLUNG

Impressum

Urheberrechte für die Rezeptsammlung liegen bei Gabi Wolpensinger
Veröffentlichungsrechte:
2011 Versand- u. Verlagsbuchhandlung Michaela Keller
Lektorat und Redaktion: Michaela Keller
Verlag: Versand- und Verlagsbuchhandlung M. Keller,
        Im Gaiern 10, 71287 Weissach-Flacht

Internet: http://www.tm-kochbuch.de
E-mail: info@keller-versandbuchhandlung.de

Satz, Layout und Druck:
Versand- und Verlagsbuchhandlung M. Keller
Bildmaterial auf der Vorderseite © Gabi Wolpensinger
Bildnachweis Innenseiten: Seite 1 © robynmac - Fotolia.com;
restliche Bilder © Gabi Wolpensinger
ISBN 978-3-942777-07-0
1. Auflage Mai 2011

Hinweis:
Die vorliegenden Rezepte können mit der Küchenmaschine Thermomix TM 31
zubereitet werden.
Alle in diesem Buch enthaltenen Angaben, Daten, Ergebnisse etc. wurden
von der Autorin nach bestem Wissen erstellt und von ihr und dem Verlag mit
größtmöglicher Sorgfalt überprüft. Eine Verantwortung und Haftung für et-
waige inhaltliche Unrichtigkeiten kann jedoch nicht übernommen werden. Der
Haftungsausschluss gilt nicht, soweit nach dem Produkthaftungsgesetz für
Personen- und Sachschäden gehaftet wird. Jeder Leser muss beim Umgang
mit den genannten Stoffen, Materialien, Geräten usw. Vorsicht walten lassen,
Gebrauchsanweisungen und Herstellerhinweise beachten sowie den Zugang für
Unbefugte verhindern.

Erklärungen:

Begriffe:

Begriff „**in Stücken**" - die Stücke einer Zutat gerade so groß schneiden, dass sie durch die Deckelöffnung passen, auch wenn Sie die Zutat direkt in den geöffneten Topf schneiden.

Begriff „**Abstauben**" - wenn der Hefeteig oder der Sauerteig im Topf noch klebt, dann mit dem Spatel am Rand des Topfes den Teig lösen und 1-3 EL Mehl über den Teig streuen. Nach Möglichkeit das Mehl direkt an den Topfrand geben. Topf verschließen und etwas festhalten, 10 Sekunden / Stufe 7 hochdrehen. Das Mehl wird schnell untergearbeitet und der Teig sollte nun nicht mehr kleben. Machen Sie eine Fingerprobe! Wenn kein Teig mehr am Finger hängen bleibt, ist er ok.

Garstufe - die höchste Temperaturstufe (Varomastufe)

Garaufsatz - hier ist der Aufsatz (mit durchsichtigem Deckel) gemeint, der auf den geschlossenen Topf aufgesetzt wird.

Einlegeboden - der Zwischenboden mit Löchern, der bei Bedarf in den Garaufsatz eingesetzt wird.

Garkörbchen - das gelochte Sieb, das direkt in den Topf eingehängt wird.

Abkürzungen:

MB - Messbecher, mit dem man den Topfdeckel verschließt, (100 ml)

Msp. - Messerspitze

TL - Teelöffel

EL - Esslöffel

KH - Kohlenhydrate

BE - Broteinheiten

Nährwerte sind für 100 g angegeben. Falls Sie die WW-Punkte verwenden, ist es Ihnen möglich, sie mit dem Kalkulator selber zu berechnen. Alle notwendigen Angaben, die Sie für die Berechnung mit dem Kalkulator benötigen, haben wir in den Nährwerten aufgeführt.

Die Gerichte sind für 4 Personen berechnet.

Inhaltsverzeichnis

Inhalt

Notizen:

Knuspermüsli

100 g Hafer	
20 g Rosinen	zusammen in den Mixtopf geben und **15 Sekunden / Stufe 9** zerkleinern.
1 Päckchen Vanillezucker	
50 g Mandeln	
1 Banane, in Stücken (100 g)	zugeben und **5 Sekunden / Stufe 5** zerkleinern.
2 Äpfel	waschen, vierteln, Kerngehäuse entfernen und zugeben. **5 Sekunden / Stufe 4** zerkleinern.
500 g Vollmilchjoghurt	
50 g Cornflakes	
50 g Trauben, ohne Kerne	alles zugeben und **40 Sekunden / Knetstufe** mischen. Sofort servieren!

Nährwerte je 100 g: **132,03** kcal • **552,16** KJ

3,91 g Eiweiß • **4,88 g** Fett • **17,53 g** KH • **2,10 g** Ballaststoffe • **1,46** BE

Dinkelmüsli

Am Tag vorher:

120 g Dinkel	in den gesäuberten Mixtopf geben. **30 Sekunden / Stufe 8** zerkleinern.
500 g Buttermilch	zugeben und **10 Sekunden / Stufe 3** mischen. Umfüllen und über Nacht im Kühlschrank quellen lassen.
300 g kalte Schlagsahne	in den kalten Mixtopf geben und auf **Stufe 10** steif schlagen. Umfüllen und kaltstellen.
50 g Mandeln	in den Mixtopf geben und **5 Sekunden / Stufe 4-5** zerkleinern.
je 1 Apfel + Birne	entkernen und mit Schale in Stücken zugeben.
1 Banane	in Stücken zugeben und **5 Sekunden / Stufe 4** zerkleinern.
1 Handvoll Trauben	halbiert ohne Kerne zugeben.
Dinkelbrei	zugeben und **8 Sekunden / Stufe 3** mischen.
40 g Sonnenblumenkerne	in einer beschichteten Pfanne anrösten. Müsli in Schalen füllen, steifgeschlagene Sahne darübergeben und die noch heißen Sonnenblumenkerne darauf verteilen. Sofort servieren!

Tipp

Alle Getreidearten außer Hafer sollten für ein Müsli einige Stunden eingeweicht werden.

Nährwerte je 100 g: 157,75 kcal • 660,75 KJ
3,96 g Eiweiß • **10,09 g** Fett • **12,77 g** KH • **1,84 g** Ballaststoffe • **1,06** BE

Löwenzahnblütengelee

ca. 300 Löwenzahn-
blüten (ca. 150 g)

Die Blüten in der Mittagssonne pflücken. Säubern und mit der Schere das Grüne abschneiden. In den Mixtopf geben.

Saft von 3 Zitronen, (ca. 120 g)
800 g heißes Wasser

zugeben und **40 Minuten / 100°C / Stufe 1** mit geschlossenem Deckel erhitzen. Etwas abkühlen lassen und den Sud durch ein Geschirrtuch abseihen. (Ergibt ca. 770 g Sud.)

400 g Gelierzucker 2:1
abgeseihter Sud

Beides in den Mixtopf geben und **8 Minuten / 100°C / Stufe 3** kochen. Sofort in heiß ausgespülte Gläser füllen, verschließen und die Gläser 5 Minuten auf den Kopf stellen.

Nährwerte je 100 g: 434,32 kcal • 570,67 KJ
0,35 g Eiweiß • **0,11 g** Fett • **2,87 g** KH • **0,30 g** Ballaststoffe • **0,24** BE

Kürbismarmelade mit Buttergeschmack

300 g Kürbisfleisch (Hokkaido)
300 g säuerliche Äpfel

Kürbis mit Sparschäler grob schälen. Die Äpfel entkernen, nicht schälen und mit dem Kürbisfleisch in den Mixtopf geben. **10 Sekunden / Stufe 6** zerkleinern.

40 g Butter

zugeben und **5 Minuten / 100°C / Stufe 2** dünsten.

20 g Zitronensaft
200 g Orangensaft
1 Bourbonvanillezucker
10 g weißer Rum
430 g Gelierzucker 2:1

Restliche Zutaten zugeben und **10 Sekunden / Stufe 4** rühren.
11 Minuten / 100°C / Stufe 2 kochen und nochmals **10 Sekunden / Stufe 7** pürieren.
Sofort in heiß ausgespülte Gläser füllen, verschließen und die Gläser 5 Minuten auf dem Kopf stellen.

Nährwerte je 100 g: **182,12** kcal • **770,77** KJ

0,57 g Eiweiß • **2,72 g** Fett • **5,77 g** KH • **0,68 g** Ballaststoffe • **0,48** BE

Kürbismarmelade
mit Apfel, Orangensaft, Butter

Birnengelee

750 g Birnensaft
10 g weißer Rum
Saft von 2 Zitronen
1 Päckchen Vanillezucker
500 g Gelierzucker 2:1

Alle Zutaten in den Mixtopf geben und **10 Sekunden / Stufe 4** mischen. Dann **12 Minuten / 100°C / Stufe 3** kochen.

Sofort in heiß ausgespülte Gläser füllen, verschließen und die Gläser 5 Minuten auf den Kopf stellen.

Nährwerte je 100 g: 181,25 kcal • 768,42 KJ

0,30 g Eiweiß • **0,17 g** Fett • **9,08 g** KH • **0,01 g** Ballaststoffe • **0,75** BE

Quittenmarmelade

1 kg Quitten, mit Schale

abreiben, entkernen und in den Mixtopf geben. **20 Sekunden / Stufe 6** zerkleinern.

400 g heißes Wasser

zugeben und **20 Minuten / 100°C / Stufe 1** kochen.

650 g Gelierzucker 2:1

zugeben und nochmals **4 Minuten / 90°C / Stufe 2** kochen. **20 Sekunden / Stufe 9** pürieren.
Sofort in heiß ausgespülte Gläser füllen, verschließen und die Gläser 5 Minuten auf den Kopf stellen.

Nährwerte je 100 g: 143,63 kcal • 609,17 KJ

0,20 g Eiweiß • **0,24 g** Fett • **3,60 g** KH • **2,83 g** Ballaststoffe • **0,30** BE

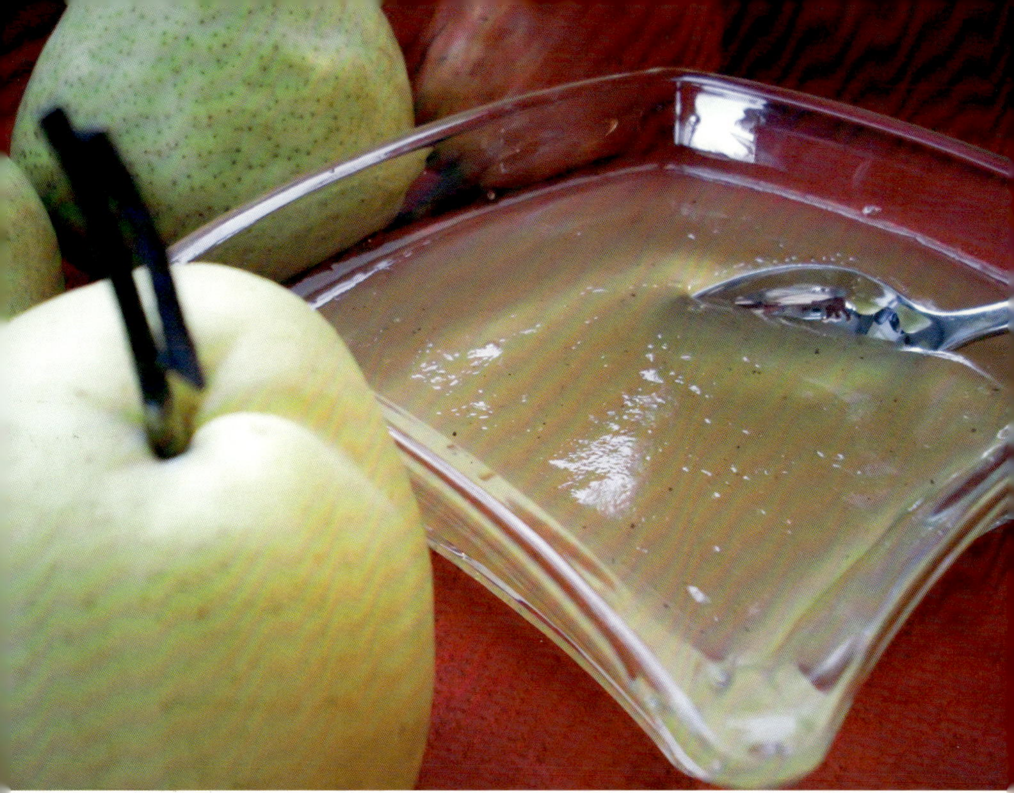

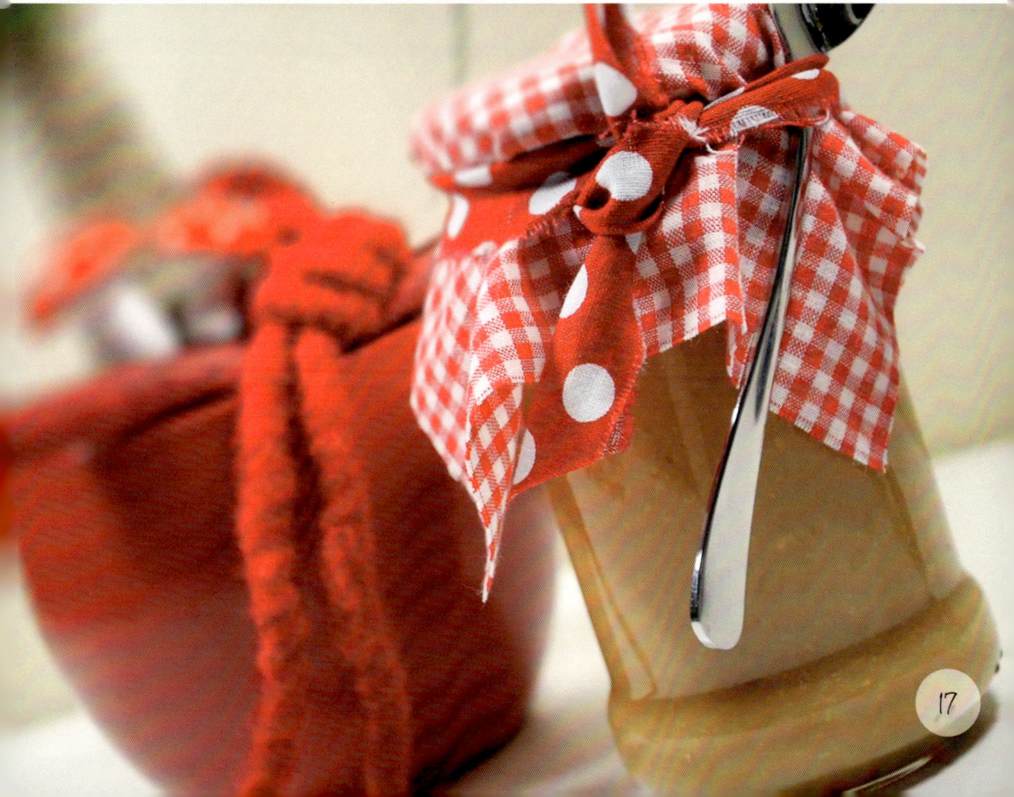

Erdbeer-Rhabarber-Marmelade

200 g Rhabarber — putzen und in Stücken in den Mixtopf geben.

400 g Erdbeeren, in Stücken
200 g Orangensaft
430 g Gelierzucker 2:1
½ TL Ingwerpulver
Saft von 1 Zitrone (40 g) — Restliche Zutaten zugeben. **5 Sekunden / Stufe 6** zerkleinern. **14 Minuten / 100°C / Stufe 3** kochen.
Sofort in heiß ausgespülte Gläser füllen, verschließen und die Gläser 5 Minuten auf den Kopf stellen.

Nährwerte je 100 g: 155,70 kcal • 660,86 KJ

0,52 g Eiweiß • **0,18 g** Fett • **37,15 g** KH • **1,04 g** Ballaststoffe • **0,34** BE

Weiße Schokocreme

200 g weiße Crispschokolade — in Stücken in den Mixtopf geben.
100 g geschälte Mandeln — zugeben und **20 Sekunden / Stufe 10** zerkleinern.

100 g Butter, in Stücken
100 g Schlagsahne 30%
1 Päckchen Vanillezucker — Die restlichen Zutaten zugeben und **3 Minuten / 50°C / Stufe 2** rühren.
Die Geschmacksrichtung kann man mit der Lieblingsschokolade beliebig verändern!
Die Creme in einem verschlossenen Glas im Kühlschrank aufbewahren.

Nährwerte je 100 g: 535,10 kcal • 2239,97 KJ

6,34 g Eiweiß • **45,06 g** Fett • **27,22 g** KH • **3,01 g** Ballaststoffe • **2,27** BE

Tomatenbutter mit Oliven

1 Knoblauchzehe	
1 Handvoll Basilikum	in den Mixtopf geben und **5 Sekunden / Stufe 6** zerkleinern.
20 g getr., eingelegte Tomaten	
30 g Oliven, in Kräutern	
250 g Butter	
30 g Tomatenmark	
Je ½ TL Meersalz und Pfeffer	Restliche Zutaten zugeben und **20 Sekunden / Stufe 5** mischen.

Nährwerte je 100 g: 575,91 kcal • 2410,52 KJ

1,48 g Eiweiß • **62,79 g** Fett • **3,26 g** KH • **0,52 g** Ballaststoffe • **0,19** BE

Scharfer Hüttenkäse

1 Chilischote	
1 Knoblauchzehe	
1 Frühlingszwiebel, in Stücken	Das Gemüse in den Mixtopf geben. **5 Sekunden / Stufe 5** zerkleinern.
40 g gelbe Paprika	zugeben und **3 Sekunden / Stufe 4-5** zerkleinern.
5 g Olivenöl	zugeben und **3 Minuten / Garstufe / Stufe 1** dünsten.
200 g Hüttenkäse	
je ½ TL Meersalz und	
Cayennepfeffer	zugeben und **5 Sekunden / Stufe 3** mischen.

Nährwerte je 100 g: 104,32 kcal • 437,44 KJ

9,83 g Eiweiß • **5,33 g** Fett • **3,79 g** KH • **0,99 g** Ballaststoffe • **0,32** BE

Pfälzeraufstrich

1 Handvoll Petersilie	
1 Knoblauchzehe	in den Mixtopf geben und **3 Sekunden / Stufe 6** zerkleinern. Umfüllen.
Je 50 g Dinkel, Grünkern und Sonnenblumenkerne	in den Mixtopf abwiegen und **20 Sekunden / Stufe 7** zerkleinern.
270 g Wasser	
3 TL Suppengewürz	Beides in den Mixtopf geben und **4 Minuten / Garstufe / Stufe 1** kochen. Umfüllen und 30 Minuten quellen lassen. Mixtopf säubern.
3 Zwiebeln (130 g)	vierteln, im Mixtopf **5 Sekunden / Stufe 5** zerkleinern. Zwiebelstückchen vom Rand nach unten schieben.
30 g Olivenöl	zugeben und **4 Minuten / Garstufe / Stufe 1** dünsten.
Die Grundmasse + Petersilie und Knoblauch	wieder zugeben.
Je ½ TL Majoran, Thymian und Basilikum	
10 g Aceto Balsamico	Gewürze und Essig zugeben und **8 Sekunden / Stufe 4** mischen. Mit
Salz und Pfeffer	abschmecken.

Nährwerte je 100 g: 157,35 kcal • 659,17 KJ

4,30 g Eiweiß • **9,31 g** Fett • **14,09 g** KH • **2,29 g** Ballaststoffe • **1,17** BE

Käseaufstrich

1 Knoblauchzehe	mit
1 Chilischote	in den Mixtopf geben. **5 Sekunden / Stufe 7** zerkleinern.
300 g Raclettekäse	in Stücken zugeben. **10 Sekunden / Stufe 6** zerkleinern. Umfüllen.
50 g Butter, 30 g körniger Senf ½ TL Pfeffer, 60 g Bier (Pils)	Restliche Zutaten in den Mixtopf geben. **3 Minuten / 100°C / Stufe 2** kochen.
Zerkleinerten Käse	zugeben und **3 Minuten / 80°C / Stufe 3** erhitzen. In sterile Gläser füllen und im Kühlschrank aufbewahren. Ca. 2 Wochen haltbar.

Nährwerte je 100 g: 336,14 kcal • 1407,33 KJ

17,38 g Eiweiß • 28,81 g Fett • 1,21 g KH • 0,16 g Ballaststoffe • 0,10 BE

Bunter Aufstrich mit Ei

1 Handvoll Petersilie, o. Stiel	in den Mixtopf geben.
100 g Möhren	schälen, in Stücken zugeben. **3 Sekunden / Stufe 5** zerkleinern.
200 g Frischkäse 10 g Senf, 10 g Tomatenmark 10 g Apfelessig Salz, Pfeffer 2 hartgekochte Eier, geschält	Restliche Zutaten zugeben und **8 Sekunden / Stufe 3** vermischen. In einem verschließbaren Glas im Kühlschrank aufbewahren.

Nährwerte je 100 g: 197,88 kcal • 828,76 KJ

8,73 g Eiweiß • 16,87 g Fett • 2,95 g KH • 0,95 g Ballaststoffe • 0,24 BE

Gefüllte Tomaten

5 Tomaten (750 g)	waschen, einen Deckel abschneiden (nicht am Stielansatz) und aushöhlen.
1 Handvoll Kräuter	in den Mixtopf geben und **5 Sekunden / Stufe 5** zerkleinern.
50 g Möhren, geschält *3 getr. eingel. Tomaten* *5 eingel. Oliven*	zugeben. **5 Sekunden / Stufe 5** zerkleinern.
200 g Frischkäse *5 g Balsamico bianco* *5 g mittelscharfer Senf* *Salz & Pfeffer*	Restliche Zutaten zugeben und **8 Sekunden / Stufe 4** mischen. Mit der Frischkäsemischung die Tomaten füllen.

Nährwerte je 100 g: **82,80** kcal • **348,14** KJ

3,00 g Eiweiß • **6,45 g** Fett • **3,06 g** KH • **0,92 g** Ballaststoffe • **0,23** BE

Chilibutter

(Foto Seite 29)

1 Knoblauchzehe *1 Bund Basilikum*	in den Mixtopf geben. **5 Sekunden / Stufe 5** zerkleinern.
1 TL Harissa *250 g Butter* *½ TL Rosenpaprika* *5 g Akazienhonig*	Restliche Zutaten zugeben und **15 Sekunden / Stufe 6** mischen. In Frischhaltefolie zu einer Rolle formen und kalt stellen. Zum Servieren in Scheiben schneiden!

Nährwerte je 100 g: **700,23** kcal • **2930,48** KJ

0,84 g Eiweiß • **77,49 g** Fett • **2,77 g** KH • **0,23 g** Ballaststoffe • **0,23** BE

Knoblauchstangen

40 g Parmesan	in Stücken in den Mixtopf geben und **10 Sekunden / Stufe 10** zerkleinern. Umfüllen.
3 Knoblauchzehen	in den Mixtopf geben und **5 Sekunden / Stufe 5** zerkleinern.
20 g Olivenöl	zugeben und **3 Minuten / Garstufe / Stufe 1** andünsten.

500 g Weizenmehl Type 1050
250 g lauwarmes Wasser
20 g Hefe
2 gestr. TL Salz
zerkleinerter Parmesan
1 TL Zucker

Restliche Zutaten zugeben und **4 Minuten / Knetstufe** kneten. 30 Minuten im Mixtopf zugedeckt gehen lassen.
Nochmals **40 Sekunden / Knetstufe** kneten. Zu 2 Stangen formen. Auf ein Baguetteblech legen.

 Ofen vorheizen:
220°C Ober-/Unterhitze

Backen

Im vorgeheizten Backofen **ca. 25 Minuten bei 220°C Ober- / Unterhitze** backen.

Nährwerte je 100 g: **247,59** kcal • **1036,36** KJ
9,01 g Eiweiß • **5,05 g** Fett • **40,95 g** KH • **3,58 g** Ballaststoffe • **3,41** BE

Toastbrot

40 g Butter 270 g Vollmilch	zusammen in den Mixtopf geben. **3 Minuten / 37°C / Stufe 1** erwärmen.
500 g helles Mehl 10 g Rohrzucker ½ Würfel Hefe 2 gestr. TL Salz	Restliche Zutaten zugeben. **4 Minuten / Knetstufe** kneten. Zugedeckt ½ Stunde gehen lassen. Nochmals **40 Sekunden / Knetstufe** kneten.

Ofen vorheizen:
180°C Ober-/Unterhitze

In eine Kastenform füllen. Nochmals zugedeckt ½ Stunde gehen lassen. In den vorgeheizten Ofen schieben und **55 Minuten** backen.

Nährwerte je 100 g: **265,11** kcal • **1109,16** KJ

7,68 g Eiweiß • **5,68 g** Fett • **45,15 g** KH • **2,85 g** Ballaststoffe • **3,76** BE

Bierbrot

400 g Dinkelmehl Type 630
100 g Roggenmehl Type 1150
310 g Bier
½ Päckchen Backpulver
½ TL Natron
20 g Akazienhonig
2 gestr. TL Salz

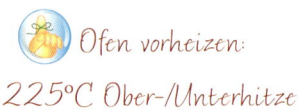 Ofen vorheizen:

225°C Ober-/Unterhitze

Alle Zutaten in den Mixtopf abwiegen und **3 Minuten / Knetstufe** kneten. Den Teig in eine Brotbackform füllen und ½ Stunde zugedeckt gehen lassen.

30 g Butter

in den Mixtopf geben und **2 Minuten / 50°C / Stufe 3** erhitzen. Butter über den Brotlaib verstreichen.

 Backen

Im vorgeheizten Backofen 1 Stunde bei **225°C Ober- / Unterhitze** (bei 190°C Umluft) backen.

Nährwerte je 100 g: **241,72** kcal • **1013,41** KJ

5,57 g Eiweiß • **3,92 g** Fett • **43,11 g** KH • **3,73 g** Ballaststoffe • **3,59** BE

Buntes Kastenbrot

200 g Möhren	schälen und in Stücken in den Mixtopf geben.
10 g gemischte Kräuter, frisch	zugeben und **4 Sekunden / Stufe 5** zerkleinern.
150 g Roggenmehl Type 1150 *500 g Weizenmehl Type 1050* *1 Würfel Hefe* *340 g lauwarmes Wasser* *2 geh. TL Salz*	Restliche Zutaten in den Mixtopf geben und **4 Minuten / Knetstufe** kneten. Den Teig in eine Kastenform geben.

 Backen

In den kalten Backofen schieben und bei **200°C Ober- / Unterhitze ca. 50 Minuten** backen.

Nährwerte je 100 g: **185,72** kcal • **777,29** KJ

6,86 g Eiweiß • **0,94 g** Fett • **36,78 g** KH • **4,44 g** Ballaststoffe • **3,06** BE

Dinkelbrot

250 g Dinkelkörner 300 g heißes Wasser	in den Mixtopf geben. **18 Minuten / 100°C / Stufe 1** garen. In ein Sieb umfüllen und abkühlen lassen.
Die gegarten Dinkelkörner	in den Mixtopf geben und **10 Sekunden / Stufe 10** zerkleinern.

2 TL Salz
450 g Dinkelmehl Type 1050
¾ Würfel Hefe
10 g Akazienhonig
180 g lauwarmes Wasser
1 TL Backmalz
100 g Malzbier

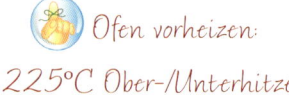 Ofen vorheizen:

225°C Ober-/Unterhitze

Alle Zutaten zugeben und **4 Minuten / Knetstufe** kneten. 20 Minuten an einem warmen Ort zugedeckt gehen lassen.
Nochmals **40 Sekunden / Knetstufe** kneten. Den Teig in eine gefettete Brotform geben.

 Backen

Im vorgeheizten Backofen **ca. 35-50 Minuten** (je nach Brotform) **bei 225°C Ober- / Unterhitze** backen.

Info

Backmalz verbessert die Krumenstruktur und Teigbeschaffenheit, die Gärung beschleunigt und läßt das Brot schön braun werden.

Nährwerte je 100 g: 194,39 kcal • 814,80 KJ
5,90 g Eiweiß • **1,09 g** Fett • **39,51 g** KH • **3,62 g** Ballaststoffe • **3,29** BE

Bierbrotkörbchen

200 g Roggen	in den Mixtopf geben und **1 Minute / Stufe 10** zerkleinern.
400 g Dinkelmehl Type 1050 *100 g Bier* *½ Würfel Hefe* *75 g Sauerteigansatz* *10 g Akazienhonig* *170 g warmes Wasser* *2 TL Salz*	Restliche Zutaten zugeben und **3 Minuten / Knetstufe** kneten. ½ Stunde zugedeckt an einem warmen Ort gehen lassen. Kurz durchkneten und zu zwei kleinen Broten formen. Auf ein Backblech setzen. Nochmals 15 Minuten gehen lassen.

 *Ofen vorheizen:*
225°C Ober-/Unterhitze

Backen

Je nach Größe im vorgeheizten Backofen **ca. 35-45 Minuten Ober- / Unterhitze** backen.

Tipp

Das Brot kann man aushöhlen und wunderbar als essbaren Suppenteller verwenden.

Nährwerte je 100 g: **244,52** kcal • **1027,81** KJ
7,56 g Eiweiß • **1,38 g** Fett • **49,13 g** KH • **6,24 g** Ballaststoffe • **3,88** BE

Käsküchle

150 g Dinkelmehl Type 630
1 Ei
40 kalte Butter
70 g Magerquark
½ TL Meersalz

 Ofen vorheizen:
220°C Ober-/Unterhitze

in den Mixtopf geben und **8 Sekunden / Stufe 6** rühren. Aus dem Teig kleine Kugeln (24 Stück) formen und in die Mini-Muffinsform mit dem Holzdrücker drücken.

80 g Höhlenkäse
80 g mittelalter Gouda
1 Handvoll versch. Kräuter

und
in Stücken mit
in den Mixtopf geben und **10 Sekunden / Stufe 5** zerkleinern.

1 Ei
150 g Sauerrahm 10% Fett
Salz, Muskat, Cayennepfeffer

Restliche Zutaten zugeben und **10 Sekunden / Stufe 4** rühren. Die Masse in die vorgeformten Teigschälchen verteilen.

 Backen

Im vorgeheizten Backofen **bei 220°C Ober- / Unterhitze ca. 15-20 Minuten** backen.

Nährwerte je 100 g: **234,93** kcal • **984,01** KJ
11,30 g Eiweiß • **14,23 g** Fett • **15,26 g** KH • **1,82 g** Ballaststoffe • **1,27** BE

Kornstangen

250 g Dinkel	in den Mixtopf geben und **40 Sekunden / Stufe 10** zerkleinern.

100 g Dinkelmehl Type 1050
350 g Dinkelmehl Type 630
2 geh. TL Meersalz
30 g Hefe
150 g lauwarmes Wasser
240 g Buttermilch
10 g Apfelessig
5 g Honig
10 g Olivenöl
30 g Sesam
30 g Sonnenblumenkerne

Restliche Zutaten zugeben und **3 Minuten / Knetstufe** kneten. Zugedeckt ½ Stunde an einem warmen Ort gehen lassen.
Nochmals **40 Sekunden / Knetstufe** kneten. Aus dem Teig Stangen formen. Auf ein Baguetteblech setzen und nochmals mit einem Geschirrtuch zugedeckt ½ Stunde gehen lassen.

Mit
Wasser
Sesam u. Sonnenblumenkerne
einpinseln und nach Belieben darüberstreuen.

 *Backen*

In den kalten Backofen schieben und bei **225°C Ober- / Unterhitze ca. 25 Minuten** backen. Nochmals kräftig mit Wasser bepinseln und **10 Minuten** weiterbacken.

Nährwerte je 100 g: **252,02** kcal • **1056,00** KJ
8,18 g Eiweiß • **4,96 g** Fett • **42,99 g** KH • **4,45 g** Ballaststoffe • **3,58** BE

Stangenbrot pur und mediterran

1 Würfel Hefe
350 g lauwarmes Wasser
700 g Weizenmehl Type 1050
2 gestr. TL Salz
30 g Olivenöl

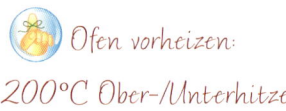 Ofen vorheizen:
200°C Ober-/Unterhitze

Alle Zutaten in den Mixtopf geben und **4 Minuten / Knetstufe** kneten. 20 Minuten gehen lassen. Nochmals **40 Sekunden / Knetstufe** kneten. ¾ des Teiges auf eine Silikonbackmatte umfüllen, kurz durchkneten und zu einer Stange formen. Auf ein Baguetteblech legen. Mit einer Schere Spitzen einschneiden, die Spitzen wie auf dem Bild umlegen.

1 Handvoll Kräuter
30 g eingelegte getr. Tomaten
100 g mittelalter Gouda, in Stücken
30 g Oliven
20 g eingel. grüne Peperoni

zum restlichen Teig geben und **12 Sekunden / Stufe 6** vermischen. Den Teig ebenfalls zu einer Stange formen.

 Backen

Im vorgeheizten Backofen **ca. 25-30 Minuten bei 200°C Ober- / Unterhitze** backen.

Nährwerte je 100 g: **270,68** kcal • **1133,23** KJ
9,23 g Eiweiß • **4,68 g** Fett • **47,09 g** KH • **4,45 g** Ballaststoffe • **3,88** BE

Käsetaler

500 g Weizenmehl Type 405
2 TL Salz
30 g Hefe
100 g Ziegenfrischkäse
160 g lauwarmes Wasser
20 g Olivenöl

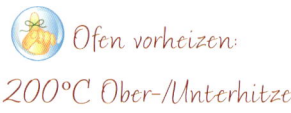 *Ofen vorheizen:*
200°C Ober-/Unterhitze

Alle Zutaten in den Mixtopf geben.
3 Minuten / Knetstufe vermischen.
10 Minuten ruhen lassen und noch-
mals **2 Minuten / Knetstufe** kneten.
Mit Mehl knapp 1 cm dick ausrollen.
Kleine Kreise ausstechen.

 *Backen*

Bei **200°C Ober- / Unterhitze ca.
12-15 Minuten** backen.

Nährwerte je 100 g: **278,37** kcal • **1164,30** KJ

8,62 g Eiweiß • **6,94 g** Fett • **44,71 g** KH • **3,21 g** Ballaststoffe • **3,73** BE

Kleine Quarkbrötchen

300 g Dinkelmehl Type 630
280 g Magerquark
1 Ei
½ Päckchen Backpulver
1 gestr. TL Salz

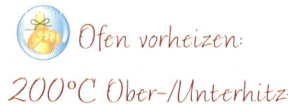 *Ofen vorheizen:*
200°C Ober-/Unterhitze

Alle Zutaten in den Mixtopf geben.
15 Sekunden / Stufe 6 mischen.
Umfüllen und auf einer bemehlten
Arbeitsplatte von Hand 12 Brötchen
formen.

Backen

Bei **200°C ca. 25-30 Minuten** backen.

Nährwerte je 100 g: **207,39** kcal • **869,74** KJ

11,52 g Eiweiß • **2,12 g** Fett • **34,77 g** KH • **2,76 g** Ballaststoffe • **2,90** BE

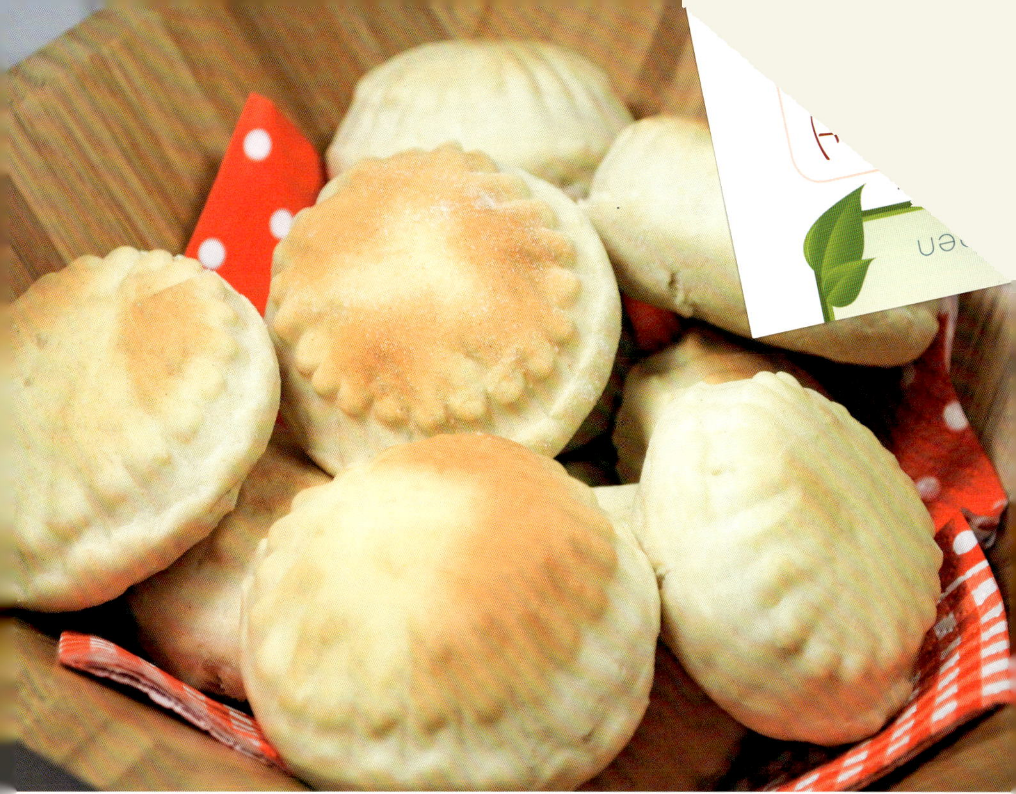

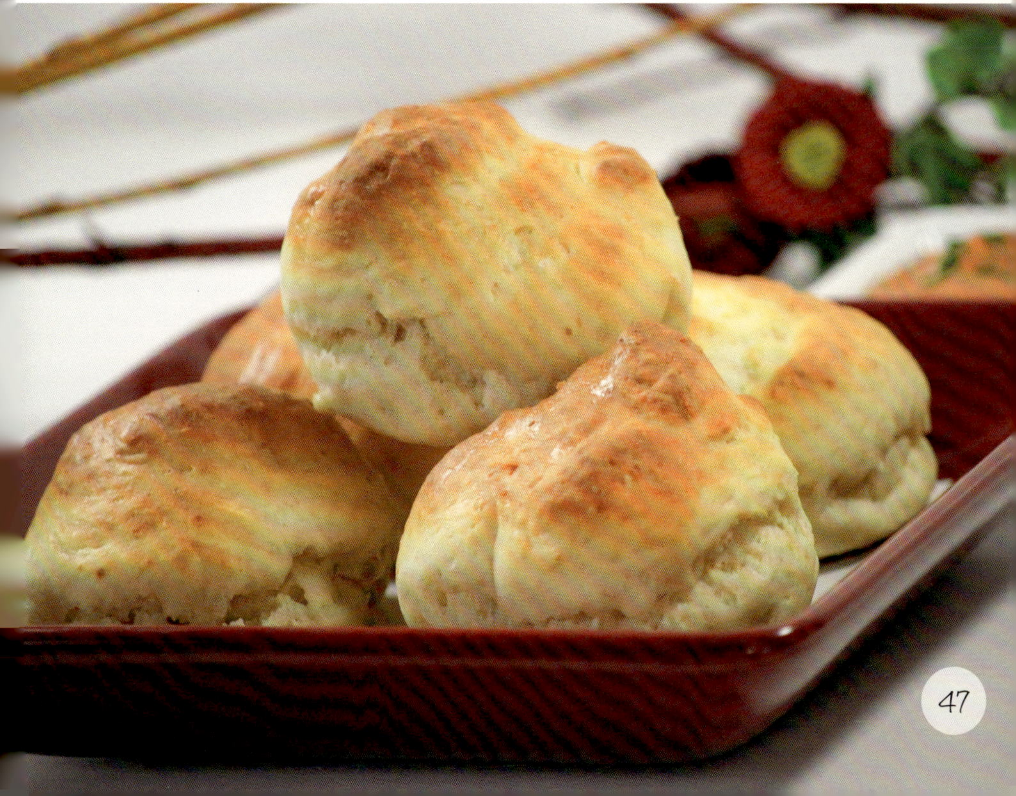

Blumenwecken

250 g Buttermilch *30 g Butter*	Beides in den Mixtopf geben und **3 Minuten / 37°C / Stufe 1** erwärmen.
480 g Dinkelmehl Type 630 *1 geh. TL Meersalz* *50 g Zucker* *30 g Hefe*	Restliche Zutaten in Mixtopf geben. **4 Minuten / Knetstufe** kneten. Zugedeckt 30 Minuten gehen lassen. Nochmals **40 Sekunden / Knetstufe** kneten. Den Teig zu einem ½ cm dicken Rechteck von 35 x 40 cm ausrollen und mit 20 g flüssiger Butter bestreichen. Die Platte in 7 Streifen je 5 cm breit schneiden und diese übereinander stapeln. Den Stapel mit scharfem Messer in 12 Stücke teilen. Jedes Teigpäckchen mit der Schnittkante nach unten in eine Muffinsform setzen. Nochmals zugedeckt 20 Minuten gehen lassen.

Ofen vorheizen:

180°C Ober-/Unterhitze

Backen — Im vorgeheizten Backofen **bei 180°C Ober- / Unterhitze ca. 25-30 Minuten** backen.

Nährwerte je 100 g: **266,73** kcal • **1117,64** KJ

7,72 g Eiweiß • **4,31 g** Fett • **48,47 g** KH • **4,15 g** Ballaststoffe • **4,04** BE

Basilikumschnecken

Basilikumbutter:

1 Bund Basilikum	in den Mixtopf geben.
30 g grüne Oliven,	
mit Paprika gefüllt	zugeben, **4 Sekunden / Stufe 7** zerkleinern.
1 EL Zitronensaft	
1 Prise Pfeffer, ½ TL Meersalz	
250 g Butter, in Stücken	zugeben und **10 Sekunden / Stufe 6** mischen. Umfüllen und kalt stellen.

Brotteig:

1 Würfel Hefe	
360 g lauwarmes Wasser	
700 g Weizenmehl, Type 1050	
2 TL Salz	
20 g Olivenöl	Alle Zutaten in den Mixtopf geben und **4 Minuten / Knetstufe** kneten. Den Teig zu einem 30 x 40 cm großen Rechteck ausrollen. Mit der Hälfte der Basilikumbutter bestreichen und von der langen Seite her aufrollen. In Scheiben schneiden.

 *Backen*

In eine eingefettete Backform dicht nebeneinander setzen.
Nicht vorheizen. Ca. **30 Minuten bei 200°C Ober- / Unterhitze** backen.

 *Tipp*

Als Beilage zu Grillfleisch, Salaten oder Eintöpfen. Die restliche Basilikumbutter kann man einfrieren.

Nährwerte je 100 g: 280,80 kcal • 1175,62 KJ

7,40 g Eiweiß • **10,93 g** Fett • **37,92 g** KH • **3,59 g** Ballaststoffe • **3,16** BE

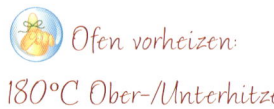

Pfirsichmuffins

150 g Dinkelmehl Type 630
50 g brauner Zucker
Saft ½ Zitrone
2 Eier, ½ TL Backpulver
1 Päckchen Vanillezucker
50 g Butter

Ofen vorheizen:
180°C Ober-/Unterhitze

Zutaten für den Teig in den Mixtopf geben und **6 Sekunden / Stufe 6** rühren. Den Teig in Silikonmuffinsförmchen (oder in ein Muffinsblech) verteilen.

1 Pfirsich (aus der Dose, 160 g) in Scheiben schneiden und in die Mitte der Muffins drücken.

Streusel:
100 g Dinkelmehl Type 630
70 g Butter
50 g brauner Zucker
1 Päckchen Vanillezucker

Alle Zutaten in den Mixtopf geben und **30 Sekunden / Knetstufe** zu Streusel mischen und auf die Muffins verteilen.

Backen

Im vorgeheizten Backofen bei **180°C 25 Minuten** backen.

Nährwerte je 100 g:	318,94 kcal • 1336,02 KJ

5,26 g Eiweiß • **14,98 g** Fett • **40,55 g** KH • **2,31 g** Ballaststoffe • **3,38** BE

Kirsch-Mohn-Schnecken

220 g Vollmilch
100 g Butter
80 g Zucker

in den Mixtopf geben. **2 Minuten / 37°C / Stufe 1** erwärmen.

550 g Dinkelmehl Type 630
½ Würfel Hefe
1 TL Meersalz

in den Mixtopf zugeben. **4 Minuten / Knetstufe** kneten.
Den Teig zu einem 30 x 40 cm großen Rechteck auswellen. Zugedeckt 20 Minuten gehen lassen.

250 g Magerquark
1 Ei
60 g Zucker
1 Vanillepuddingpulver
100 g Mohn

Ofen vorheizen:
180°C Ober-/Unterhitze

Alle Zutaten in den Mixtopf geben und **10 Sekunden / Stufe 4** vermischen.
Die Quarkmasse auf das Rechteck streichen.

½ Glas Schattenmorellen

abtropfen lassen und auf der Quarkmasse verteilen. Den Teig längs einrollen und in 2 cm dicke Scheiben schneiden. Auf einem mit Backfolie belegten Backblech verteilen.

1 Eigelb
1 EL Vollmilch

mit
verquirlen und die Schnecken bestreichen.

 *Backen*

30 Minuten bei 180°C Ober- / Unterhitze.

Nährwerte je 100 g:	266,36 kcal • 1116,30 KJ
8,26 g Eiweiß • **9,25 g** Fett • **37,01 g** KH • **3,72 g** Ballaststoffe • **3,09** BE	

Himbeerquarktorte

Für den Boden:
200 g Löffelbiskuit
80 g weiche Butter

in Stücken in den Mixtopf geben.
zugeben und **15 Sekunden / Stufe 6** zerkleinern. Den Spatel zur Hilfe nehmen. Masse in eine runde Springform drücken.

Für den Belag:
6 weiße Gelatineblätter
½ Liter Wasser

Die Gelatineblätter in einer Schüssel mit dem Wasser mindestens 10 Minuten quellen lassen.

10 g Zitronensaft

in den Mixtopf geben. Gelatineblätter ausdrücken und zugeben. **1 ½ Minute / 37°C / Stufe 2** erhitzen.

150 g Vollmilchjoghurt

zugeben und **10 Sekunden / Stufe 4** mischen.

250 g Magerquark
200 g Frischkäse
Saft von 3 Zitronen (120 g)
150 g Vollmilchjoghurt
60 g Zucker
1 Päckchen Vanillezucker

Restliche Zutaten in den Mixtopf geben und **40 Sekunden / Stufe 3** vermischen. Die Masse auf dem Biskuitboden verteilen.

200 g Sekt
30 g Speisestärke
30 g Zucker

in den Mixtopf geben und **4 Sekunden / Stufe 5** mischen. Dann **5 Minuten / 100°C / Stufe 3** erhitzen.

300 g Himbeeren

zugeben und **10 Sekunden / Linkslauf / Stufe 1** mischen. Auf der Creme verteilen.
Mindestens 2 Stunden kalt stellen.

Nährwerte je 100 g: 184,23 kcal • 771,28 KJ
5,78 g Eiweiß • **8,87 g** Fett • **17,78 g** KH • **1,28 g** Ballaststoffe • **1,48** BE

Maronenkuchen

Rühraufsatz einsetzen!

3 Eiweiß
100 g Rohrzucker

zusammen in den Mixtopf geben.
3 ½ Minuten / 37°C / Stufe 4 zu Ei-
schnee steif schlagen. Umfüllen und
kalt stellen.

100 g Vollmilch- oder Nougat-
schokolade

in Stücken in den Mixtopf geben.
5 Sekunden / Stufe 5 zerkleinern.

100 g Butter, in Stücken
400 g Maronencreme (Rezept Seite 146)
1 Päckchen Vanillezucker
40 g Dinkelmehl Type 630
½ Päckchen Backpulver
3 Eigelb
20 g Kirschwasser

Die restlichen Zutaten in den Mixtopf
geben. **10 Sekunden / Stufe 6** und
1 Minute / Knetstufe mischen. Den
Teig zum Eischnee geben und vorsich-
tig unterheben.
In eine gefettete Kastenform geben
und **bei 180°C Ober- / Unterhitze ca.**
50 Minuten backen. Mit Puderzucker
bestreut servieren.

 *Backen*

Nährwerte je 100 g: **312,82** kcal • **1310,30** KJ

4,39 g Eiweiß • **18,70 g** Fett • **31,95 g** KH • **2,18 g** Ballaststoffe • **2,66** BE

Bananenmuffins

Ofen vorheizen:
180°C Ober-/Unterhitze

100 g Mandeln
100 g Vollmilchschokolade

in Stücke brechen und mit den Man-
deln in den Mixtopf geben. **5 Sekun-
den / Stufe 6** zerkleinern. Umfüllen.

200 g Butter, in Stücken
100 g Vollmilch
3 Eier

in den Mixtopf geben und **2 Minuten
/ 37°C / Stufe 5** erwärmen.

240 g Weizenmehl Type 405
2 kleine Bananen
100 g Rohrzucker
1 Päckchen Backpulver
½ TL Natron
zerkleinerte Mandeln und
Schokolade

Restliche Zutaten zugeben. **10 Sekun-
den / Stufe 5** verrühren. Den Teig in
eine Muffinsform verteilen.

 Backen

Bei **180°C Ober- / Unterhitze ca.
20 Minuten** backen.

Nährwerte je 100 g:	344,49 kcal • 1442,42 KJ
6,55 g Eiweiß • 21,90 g Fett • 30,51 g KH • 2,43 g Ballaststoffe • 2,54 BE	

Mohnmuffins

100 g Mandeln	in den Mixtopf geben und **8 Sekunden / Stufe 8** zerkleinern. Umfüllen. Rühraufsatz in den sauberen fettfreien Mixtopf einsetzen!
5 Eiweiß 50 g Rohrzucker	zusammen in den Mixtopf geben. **3 ½ Minuten / 37°C / Stufe 4** steif schlagen. Den Eischnee umfüllen und kalt stellen.

 Ofen vorheizen:
180°C Ober-/Unterhitze

60 g Zucker 150 g Butter 1 Päckchen Vanillezucker 5 Eigelb	in den Mixtopf geben und ohne Rühraufsatz **1 Minute / Stufe 5** schaumig rühren.
200 g Mohn (ungemahlen) zerkleinerte Mandeln 1 Msp. Backpulver	zugeben. **10 Sekunden / Stufe 4** mischen.
Eischnee	zugeben und von Hand mit dem Spatel vorsichtig unterziehen. Den Teig in Silikonmuffinsförmchen verteilen.

Backen

Ober- / Unterhitze bei 180°C ca. 30 Minuten backen.

Mit Puderzucker bestäuben.

Nährwerte je 100 g: **415,10** kcal • **1738,45** KJ

11,76 g Eiweiß • **34,67 g** Fett • **15,05 g** KH • **6,49 g** Ballaststoffe • **1,25** BE

Süßes Gebäck

Nussschleifen

Teig:
250 g Weizenmehl Type 405
20 g Rohrzucker
1 TL Backpulver
250 g Magerquark, gut abgetropft
1 Prise Salz
180 g kalte Butter, in Stücken

Ofen vorheizen:
200°C Ober-/Unterhitze

Zutaten für den Teig in den Mixtopf geben. **15 Sekunden / Stufe 6** rühren. Teig herausnehmen, zur einer Kugel formen, in Frischhaltefolie packen und kalt stellen.

Füllung:
150 g Mandeln

im Mixtopf **8 Sekunden / Stufe 10** zerkleinern.

20 g Amaretto
30 g Rohrzucker
1 Eiweiß

Restliche Zutaten zugeben und **10 Sekunden / Stufe 5** mischen.
Den Teig zu zwei 30 x 20 cm großen Rechtecken ausrollen. Je eine Längsseite mit der Nussfüllung bestreichen. Zusammenklappen und den Rand festdrücken.
In 4 cm breite Streifen schneiden, die mittig eingeschnitten werden (siehe Bilder rechts). Eines der Enden durch die Mitte ziehen.

Backen

Im vorgeheizten Backofen bei **200°C Ober- / Unterhitze ca. 25 Minuten** backen.

Puderzucker

über die fertiggebackenen Schleifen stäuben.

Nährwerte je 100 g:	374,37 kcal • 1567,16 KJ
9,77 g Eiweiß • 24,94 g Fett • 26,90 g KH • 3,49 g Ballaststoffe • 2,24 BE	

Quittenschnitten

800 g Quitten, mit Schale
200 g Äpfel oder Birnen entkernen und in den Mixtopf geben. Mit Hilfe des Spatels **20 Sekunden / Stufe 7** zerkleinern.

500 g Johannisbeersaft
20 g Cassis
40 g Zitronensaft
2 Pck. Bourbon-Vanillezucker zugeben und **20 Minuten / 100°C / Stufe 1** kochen.

100 g Akazienhonig zugeben. Ohne Messbecher **20 Minuten / 90°C / Stufe 4** kochen. Dann **20 Sekunden / Stufe 9** pürieren.

Die Masse auf ein mit Backpapier ausgelegtem Backblech streichen und im Backofen bei **100°C Ober- / Unterhitze** auf unterster Schiene **1 Stunde** backen.

Dann auf **50°C Ober- / Unterhitze** herunterschalten und **5-6 Stunden** trocknen. Damit die Feuchtigkeit entweichen kann, einen Kochlöffel zwischen Backofentür und Backofen klemmen. In Cellophantütchen ist das Konfekt bis zu einem halben Jahr haltbar. Nicht in luftdichten Dosen aufbewahren!

Schichtsalat mit Spargel

Soße:
1 kleine Knoblauchzehe
1 Frühlingszwiebel, in Stücken   zusammen in den Mixtopf geben und **5 Sekunden / Stufe 5** zerkleinern.

1 Handvoll Kräuter   und
50 g Tomaten   zugeben und **5 Sekunden / Stufe 7** zerkleinern. Alles mit dem Spatel nach unten schieben.

15 g Aceto Bianco
10 g Olivenöl
10 g Senf, mittelscharf
1 TL Meersalz, Pfeffer
200 g Sauerrahm 20%
150 g Joghurt   zugeben und **10 Sekunden / Stufe 7** mischen. Kräftig abschmecken! Umfüllen!

500 g heißes Wasser   in den Mixtopf geben.
4 Eier   ins Garkörbchen legen. In den Mixtopf einhängen und mit dem Deckel verschliessen.

200 g grüner Spargel   holzige Enden abschneiden, waschen, in 3 cm große Stücke schneiden und in den Garaufsatz füllen. Auf den Topfdeckel setzen. Mit

½ TL gekörnter Gemüsebrühe
1 EL Zitronensaft   und
½ TL Rohrzucker   würzen. **20 Minuten / Garstufe / Stufe 2** garen.

150 g Eisbergsalat   in mundgerechte Stücke teilen, waschen und eine Springform damit auslegen.

100 g Salatgurke   schälen, in Scheiben schneiden, auf dem Salat verteilen.

Nährwerte je 100 g: **117,95** kcal • **494,01** KJ
6,56 g Eiweiß • **8,96 g** Fett • **2,59 g** KH • **0,58 g** Ballaststoffe • **0,18** BE

2 Tomaten	in Scheiben schneiden und darüber- schichten.
	Lage für Lage weiterschichten und jede Lage mit
Pfeffer und Meersalz	würzen.
2 Mozzarella	in Scheiben geschnitten aufschichten,
1 EL Aceto balsamico	und
1 EL Basilikum	über dem Mozzarella verteilen.
gegarter Spargel	darüber verteilen und alles ein biß- chen festdrücken.
hartgekochte Eier, in Scheiben	darübergeben und mindestens 1 Stun- de kalt stellen.
	Die Soße separat dazu reichen.

Standardwürze für alle Salate

2 Knoblauchzehen	in den Mixtopf geben und **5 Sekun- den / Stufe 5** zerkleinern.
20 g gelbe Senfkörner	
20 g Meerrettich, frisch	zugeben und **20 Sekunden / Stufe 10** zerkleinern.
20 g Kräutersalz	
40 g Obstessig	beides zugeben und **10 Sekunden / Stufe 4** mischen.
	Im Kühlschrank ist die scharfe Paste verschlossen bis zu 1 Monat haltbar.
Für 1 Portion Salatdressing:	
2 TL von der Paste	
150 g Joghurt 1,5% Fett	und
10 g Olivenöl	mischen.

Nährwerte je 100 g: **120,85** kcal • **504,92** KJ

5,95 g Eiweiß • **5,64 g** Fett • **9,72 g** KH • **3,10 g** Ballaststoffe • **0,81** BE

Gemischter Salat

½ Eisbergsalat — in mundgerechte Stücke teilen, waschen, trockenschleudern und in eine Salatschüssel geben.

½ Apfel — entkernen
½ grüne Paprika
1 mittelgroße Möhre
1 Tomate, halbiert
50 g Mais, aus der Dose
30 g Apfelessig
5 g Senf, mittelscharf
10 g Ketchup
20 g Mayonnaise
Kräutersalz und Pfeffer
10 g Olivenöl

Obst + Gemüse in Stücken und alle restlichen Zutaten in Stücken in den Mixtopf geben. **5 Sekunden / Stufe 4** zerkleinern.

Abschmecken und mit dem Eisbergsalat mischen.

Nährwerte je 100 g: **57,73** kcal • **242,03** KJ
1,07 g Eiweiß • **3,99 g** Fett • **4,12 g** KH • **1,99 g** Ballaststoffe • **0,34** BE

Salat mit weißen Bohnen

100 g Chinakohl	in Streifen schneiden und in eine Schüssel geben.
1 Handvoll Basilikum	in den Mixtopf geben. **5 Sekunden / Stufe 5** zerkleinern.
5 eingelegte Peperoni	
1 rote Paprika	
100 g Salatgurke	Das Gemüse in Stücken zugeben und **10 Sekunden / Stufe 3-4** zerkleinern.
1 Dose weiße Bohnen (250 g abgetr.)	
20 g Apfelessig	
20 g Olivenöl	
150 g Joghurt	
je 1 gestr. TL Salz und Rosenpaprika	Restliche Zutaten zugeben und **20 Sekunden / Linkslauf / Stufe 1** vermischen. Mit den Gewürzen kräftig abschmecken. Zum Salat geben und vermischen.

 Tipp

Zum Salat Kornstangen (Seite 42) oder Tomatenbrot (Seite 44) reichen.

Nährwerte je 100 g: 63,46 kcal • 265,44 KJ

2,62 g Eiweiß • **3,39 g** Fett • **5,27 g** KH • **2,21 g** Ballaststoffe • **0,42** BE

Frühlingscremesuppe

3 Frühlingszwiebeln	in Stücken in den Mixtopf geben. **5 Sekunden / Stufe 5** zerkleinern. Die Stückchen von der Topfwand mit dem Spatel nach unten schieben.
40 g Butter	zugeben und **2 Minuten / Garstufe / Stufe 2** erhitzen.
200 g Zucchini 250 g Kartoffeln	beides in groben Stücken in den Mixtopf geben. **5 Sekunden / Stufe 5** zerkleinern.
700 g heißes Wasser 3 geh. TL gekörnter Gemüsebrühe (Rezept Seite 96) 100 g Roséwein Pfeffer	zugeben. Das Garkörbchen einsetzen.
100 g Champignons	putzen, in Scheiben schneiden und ins Garkörbchen geben. Alles **20 Minuten / 100°C / Stufe 2** kochen. Garkörbchen herausnehmen, die Champignons in eine Suppenschüssel umfüllen. Suppe noch **10 Sekunden / Stufe 8** pürieren.
200 g Frischkäse	zugeben,
1 Bund Schnittlauch	in Röllchen schneiden und mit
5 g Zitronensaft	in den Mixtopf geben. Nochmals **2 Minuten / 100°C / Stufe 2** erhitzen.
Salz und Pfeffer	Mit abschmecken und die Suppe zu den Pilzen umfüllen. Sofort servieren!

Nährwerte je 100 g: **79,34** kcal • **332,35** KJ

2,17 g Eiweiß • **5,77 g** Fett • **3,53 g** KH • **0,75 g** Ballaststoffe • **0,29** BE

Bärlauchsüppchen

50 g rote Zwiebeln *350 g Kartoffeln*	schälen, in Stücken in den Mixtopf geben und **5 Sekunden / Stufe 5** zerkleinern.
150 g Roséwein *750 g heißes Wasser* *3 geh. TL gekörnte Gemüse-* *brühe (Rezept Seite 96)*	zugeben und **20 Minuten / 100°C / Stufe 2** kochen.
250 ml Cremefine, zum Kochen *100 g Sauerrahm 10%* *Saft ½ Zitrone*	zugeben und nochmals **5 Minuten / 100°C / Stufe 2** erhitzen.
1 Bund Bärlauch *1 Handvoll Petersilie*	Kräuter waschen und in den Mixtopf zugeben. **20 Sekunden / Stufe 10** pürieren. Mit
½ TL Cayennepfeffer *Meersalz*	abschmecken!

Nährwerte je 100 g: **56,14** kcal • **233,54** KJ

1,19 g Eiweiß • **2,90 g** Fett • **4,42 g** KH • **0,61 g** Ballaststoffe • **0,32** BE

Salatsuppe mit Erdbeeröl

Erdbeeröl:
150 g Erdbeeren

geputzt in den Mixtopf geben und **8 Sekunden / Stufe 5** zerkleinern.

5 g Aceto Balsamico
30 g Sonnenblumenöl
Salz, reichlich Pfeffer

Restliche Zutaten zugeben und **10 Sekunden / Stufe 5** mischen. Abschmecken. Umfüllen!

Suppe:
1 Bund Frühlingszwiebeln
100 g Möhren

in Stücken in den Mixtopf geben.

250 g Kartoffeln

Möhren und Kartoffeln in groben Stücken zugeben. **5 Sekunden / Stufe 5** zerkleinern.

20 g Butter

zugeben und **3 Minuten / Garstufe / Stufe 2** andünsten.

750 g heißes Wasser
3 geh. TL gekörnte Gemüsebrühe (Rezept Seite 96)
schwarzer Pfeffer

zugeben und **18 Minuten / 100°C / Stufe 2** kochen.

200 g Eisbergsalat, in Stücken
100 g Schlagsahne

zugeben und **20 Sekunden / Stufe 8** pürieren. Nochmals **2 Minuten / 100°C / Stufe 2** erhitzen.

Die Suppe in Teller verteilen und mit Erdbeeröl beträufeln!

Nährwerte je 100 g: **61,78** kcal • **258,89** KJ
0,91 g Eiweiß • **4,69 g** Fett • **3,93 g** KH • **1,08 g** Ballaststoffe • **0,32** BE

Rote Bete Suppe

10 g Meerrettich	schälen, in den Mixtopf geben und **10 Sekunden / Stufe 10** zerkleinern. Umfüllen.
2 cm Ingwer	in den Mixtopf geben und **4 Sekunden / Stufe 7** zerkleinern.
1 Zwiebel	schälen, halbieren, zugeben und **3 Sekunden / Stufe 5** zerkleinern.
20 g Butter	zugeben und **3 Minuten / Garstufe / Stufe 1** andünsten.
300 g Kartoffeln	grob gewürfelt zugeben.
1 Apfel	schälen, entkernen, zugeben.
2 Rote Bete, roh (ca. 200 g)	schälen, in Stücken zugeben.
1 Liter heißes Wasser	
20 g Roséwein	
2 geh. TL gekörnte Gemüse-brühe (Rezept Seite 96)	zugeben und **20 Minuten / 100°C / Stufe 2** kochen.
200 g Schmand, 30% Fett	
1 Handvoll gem. Kräuter	
zerkleinerter Meerrettich	zugeben und **20 Sekunden / Stufe 8** pürieren.
Salz, Pfeffer und etwas Zucker	Mit abschmecken. In Tellern verteilen und mit einem Klecks Schmand garnieren.

 Tipp

Wichtig! Den frischen Meerrettich nicht mitkochen, da die Suppe sonst bitter wird.

Nährwerte je 100 g: **58,01** kcal • **242,60** KJ

0,93 g Eiweiß • **4,04 g** Fett • **4,18 g** KH • **0,85 g** Ballaststoffe • **0,35** BE

Blumenkohlcremesuppe

150 g Kartoffeln	schälen und grob würfeln.
400 g Blumenkohl	waschen, putzen und zerteilen. Beides in den Mixtopf geben und **5 Sekunden / Stufe 5** zerkleinern.
80 g Speckwürfel	
30 g Butter	zugeben und **3 Minuten / Garstufe / Stufe 1** andünsten.
500 g heißes Wasser	
3 geh. TL gekörnte Gemüsebrühe (Rezept Seite 96)	
50 g Roséwein	zugeben und **25 Minuten / 100°C / Stufe 3** kochen.
100 g Sauerrahm, 10%	
5 g Trüffelöl	zugeben und **15 Sekunden / Stufe 8** pürieren.
	Mit
Salz und Pfeffer	abschmecken.
4 EL Sonnenblumenkerne	in einer Pfanne kurz anrösten und nach dem Anrichten über die Suppe streuen.

 Tipp

Ist die Suppe zu cremig, mit Vollmilch strecken.

Nährwerte je 100 g: 73,66 kcal • 309,12 KJ

2,61 g Eiweiß • **5,47 g** Fett • **2,82 g** KH • **1,15 g** Ballaststoffe • **0,24** BE

Kürbissuppe mit Curry

2 Tomaten	halbieren, den Stielansatz entfernen.
1 Knoblauchzehe	mit den Tomaten in den Mixtopf geben und **4 Sekunden / Stufe 8** zerkleinern.
10 g Olivenöl	zugeben und **3 Minuten / Garstufe / Stufe 2** dünsten.
250 g Kartoffeln	und
250 g Kürbis	schälen, in große Stücke schneiden.
1 Boskop-Apfel	entkernen, grob schneiden. Zusammen mit den Kartoffeln und Kürbis in den Mixtopf geben. **10 Sekunden / Stufe 5** zerkleinern.
850 g heißes Wasser 3 geh. TL gekörnte Gemüsebrühe (Rezept Seite 96)	beides zugeben. Die Suppe **22 Minuten / 100°C / Stufe 2** garen
100 g Crème fraîche 30% 1 geh. TL Curry Saft ½ Zitrone	Restliche Zutaten zugeben und **10 Sekunden / Stufe 10** pürieren.
Salz und Pfeffer	Mit abschmecken.

 Tipp — Mit Croutons und einem Klecks Crème fraîche servieren!

Nährwerte je 100 g: 40,92 kcal • 171,82 KJ

0,89 g Eiweiß • **2,24 g** Fett • **4,11 g** KH • **0,77 g** Ballaststoffe • **0,34** BE

Radieschencremesuppe

1 Zwiebel
1 Kartoffel — beides schälen und in großen Stücken in den Mixtopf geben. **5 Sekunden / Stufe 5** zerkleinern.

20 g Butter — zugeben und **3 Minuten / Garstufe / Stufe 1** dünsten.

2 Bund Radieschen — waschen. 3 Radieschen zum Garnieren auf die Seite legen. Den Rest mit den Blättern in den Mixtopf geben. **8 Sekunden / Stufe 7** zerkleinern.

1 Liter heißes Wasser
4 geh. TL gekörnte Gemüsebrühe (Rezept Seite 96)
Pfeffer — zugeben und **15 Minuten / 100°C / Stufe 2** kochen.

200 g Créme fraîche 30%
30 g Weizenmehl Type 1050 — beides zugeben und **10 Sekunden / Stufe 9** pürieren. Nochmals **1 Minute / 100°C / Stufe 2** erhitzen.

Radieschenscheibchen
Radieschensprossen — Die Suppe anrichten und mit und garnieren.

Nährwerte je 100 g: **61,16** kcal • **255,73** KJ
1,10 g Eiweiß • **4,94 g** Fett • **3,08 g** KH • **0,44 g** Ballaststoffe • **0,26** BE

Möhrencremesuppe

1 cm Stück Ingwer	
1 Knoblauchzehe	beides schälen und in den Mixtopf geben. **5 Sekunden / Stufe 8** zerkleinern.
50 g Zwiebeln	schälen, halbiert zugeben. **3 Sekunden / Stufe 5** zerkleinern.
10 g Olivenöl	zugeben und **3 Minuten / Garstufe / Stufe 1** andünsten.
400 g Möhren	
50 g Stangensellerie	in Stücken zugeben. **5 Sekunden / Stufe 5** zerkleinern.
750 g heißes Wasser	
3 TL gek. Gemüsebrühe (Rezept Seite 96)	
Salz und Pfeffer	Wasser mit den Gewürzen zugeben. **25 Minuten / 100°C / Stufe 2** kochen.
100 g saure Sahne	zugeben und **20 Sekunden / Stufe 10** pürieren. Abschmecken.

Nährwerte je 100 g: 26,71 kcal • 112,22 KJ

0,83 g Eiweiß • **1,58 g** Fett • **2,23 g** KH • **1,29 g** Ballaststoffe • **0,18** BE

Kunterbunter Gemüseeintopf

1 Knoblauchzehe	in den Mixtopf geben. **5 Sekunden / Stufe 5** zerkleinern.
1 kleine Zwiebel	halbieren, in Scheiben schneiden und zugeben.
20 g Olivenöl	zugeben und **3 Minuten / Garstufe / Stufe 1** dünsten.
1 Dose Tomaten (400 g)	
40 g Aceto balsamico	
200 g Kartoffeln, geschält und in Scheiben geschnitten	
80 g Reis, parboiled	
1 TL Cayennepfeffer	
3 geh. TL gekörnte Gemüse-brühe (Rezept Seite 96)	
700 g heißes Wasser	Zutaten zugeben und **15 Minuten / 100°C / Linkslauf / Stufe 1** kochen.
100 g Salatgurke	schälen, in Scheiben schneiden und zugeben.
1 gelbe Paprika	in Streifen schneiden und mit
60 g Zuckerschoten	zugeben. Weitere **15 Minuten / 100°C / Linkslauf / Stufe 1** kochen.

Abschmecken und mit frischem Basilikum bestreut sofort servieren!

 Tipp

Mit einem Klecks saurer Sahne verfeinern!

Nährwerte je 100 g: 46,12 kcal • 193,15 KJ

1,19 g Eiweiß • **1,30 g** Fett • **7,10 g** KH • **1,04 g** Ballaststoffe • **0,59 BE**

Gemüsesuppe mit Muschelnudeln

1 Knoblauchzehe	in den Mixtopf geben und **5 Sekunden / Stufe 5** zerkleinern.
1 Tomate	halbieren, Stielansatz entfernen. **5 Sekunden / Stufe 7** zerkleinern.
1 Frühlingszwiebel	in Röllchen schneiden und zugeben.
20 g Olivenöl	zugeben und **3 Minuten / Garstufe / Stufe 1** erhitzen.
1 Möhre	schälen, in Scheiben schneiden und zugeben.
½ gelbe Paprika	putzen, würfeln und zugeben.
50 g Gurke	schälen, halbieren, in Scheiben schneiden und zugeben.
1 Liter heißes Wasser	
3 TL gekörnter Gemüsebrühe	
(Rezept Seite 96)	mit dem Wasser zugeben. **12 Minuten / 100°C / Stufe 1** kochen.
100 g Muschelnudeln	zugeben. **10 Minuten / 100°C / Linkslauf / Stufe 1** kochen.
	Sofort servieren!

Nährwerte je 100 g:	29,11 kcal • 121,91 KJ

0,83 g Eiweiß • **1,51 g** Fett • **2,99 g** KH • **0,80 g** Ballaststoffe • **0,25** BE

Gekörnte Gemüsebrühe, hausgemacht

20 g frische Kräuter (Petersilie, Schnittlauch, Basilikum, Rosmarin, Liebstöckel ...)	in den Mixtopf geben und **5 Sekunden / Stufe 6** zerkleinern. Umfüllen.
4 Knoblauchzehen 200 g Zwiebeln 100 g Frühlingszwiebeln	in den Mixtopf geben und **5 Sekunden / Stufe 5** zerkleinern.
30 g Olivenöl	zugeben und **5 Minuten / Garstufe / Stufe 1** dünsten.
200 g Möhren 200 g Staudensellerie 100 g Weißkraut 150 g Tomaten, 100 g Zucchini	Alles Gemüse in Stücken zugeben und **15 Sekunden / Stufe 6** zerkleinern.
200 g heißes Wasser	zugeben und **12 Minuten / Garstufe / Stufe 3** kochen. Dann **10 Sekunden / Stufe 6** pürieren. Die zerkleinerten Kräuter zugeben und **5 Sekunden / Stufe 4** untermischen. Die Masse auf ein Backblech streichen und bei **Umluft 50°C ca. 5-7 Stunden** trocknen lassen. (Backofentür einen Spalt offen lassen). Zwischendurch immer wieder vermischen, damit die Masse gleichmäßig trocknet.
100 g grobes Merrsalz ½ TL frisch gem. Pfeffer die getrocknete Masse	und in den Mixtopf geben. **10 Sekunden / Stufe 4** vermischen. In verschließbare Gläser füllen und als Gewürz für Suppen oder über Gemüse verwenden.

Nährwerte je 100 g: 48,96 kcal • 204,69 KJ

1,22 g Eiweiß • **2,94 g** Fett • **4,22 g** KH • **2,31 g** Ballaststoffe • **0,35** BE

Gefüllte Rolle mit Frischkäse

Backblech mit Backpapier auslegen. Rühraufsatz einsetzen!

4 Eiweiß + 1 Prise Salz

im Mixtopf **3 Minuten / 37°C / Stufe 4** steif schlagen. Umfüllen. Kalt stellen.

180 g junger Gouda
1 Handvoll Kräuter
(Petersilie, Basilikum...)

im Mixtopf **8 Sekunden / Stufe 6** zerkleinern.

4 Eigelb

zugeben.

100 g Frischkäse
40 g Mehl
140 g Sauerrahm

in den Mixtopf geben. **10 Sekunden / Stufe 3** vermischen. Eiweiß wieder zugeben und **8 Sekunden / Stufe 2** vermischen.

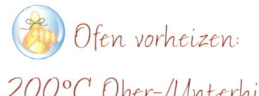

Ofen vorheizen:

200°C Ober-/Unterhitze

Teigmasse auf dem mit Backpapier ausgelegten Backblech verteilen und im vorgeheizten Backofen **18 Minuten bei 200°C Ober- / Unterhitze** backen. 10 Minuten abkühlen lassen.

Backen

1 Knoblauchzehe
10 Blätter Basilikum

in den Mixtopf geben und **5 Sekunden / Stufe 5** zerkleinern.

20 g getr. eingel. Tomaten
20 g Tomatenmark
20 g eingel. grüne Peperoni
Salz und Pfeffer

in den Mixtopf geben und **10 Sekunden / Stufe 5** zerkleinern.

200 g Frischkäse

zugeben, **10 Sekunden / Stufe 2** vermischen. Auf die Teigplatte streichen, diese von der Längsseite aufrollen. In Scheiben schneiden und mit einem gemischten Salat oder als Vorspeise servieren!

Nährwerte je 100 g: 249,31 kcal • 1044,00 KJ

12,72 g Eiweiß • **19,78 g** Fett • **5,21 g** KH • **0,27 g** Ballaststoffe • **0,40** BE

Spaghettinester im Salatblatt

20 g Pecorino	im Mixtopf **8 Sekunden / Stufe 10** zerkleinern. Umfüllen.
½ Handvoll Basilikumblätter	im Mixtopf **5 Sekunden / Stufe 6** zerkleinern. Umfüllen.
1 Knoblauchzehe	im Mixtopf **5 Sekunden / Stufe 5** zerkleinern.
2 Tomaten, halbiert 100 g Zucchini, in Stücken	zugeben und **4 Sekunden / Stufe 6** zerkleinern.
10 g Olivenöl	zugeben und **3 Minuten / Garstufe / Stufe 1** dünsten.
200 g heißes Wasser 200 g Créme fraîche 1 TL gekörnter Gemüsebrühe 20 g Ketchup 10 g Aceto balsamico ½ TL Pfeffer 1 Dose Thunfisch, abgetropft und grob zerkleinert	Alle Zutaten zugeben und **4 Minuten / Garstufe / Stufe 1** erhitzen.
200 g Spaghetti	durch die Deckelöffnung zugeben und **11 Minuten / 100°C / Linkslauf / Stufe 1** garen. Abschmecken, umfüllen und abkühlen lassen.
Eisbergsalat	Festere Blätter als Körbchen für Spaghettinester richten. Jeweils eine Gabel voll Spaghetti einfüllen und mit
zerkl. Basilikum und Pecorino	bestreuen.

Nährwerte je 100 g: 146,73 kcal • **614,82** KJ

5,77 g Eiweiß • **7,97 g** Fett • **12,79 g** KH • **1,25 g** Ballaststoffe • **1,05** BE

Kürbispuffer mit Honig-Senf-Dip

50 g Zwiebeln
300 g Kartoffeln, mehlig, in Stücken
1 Knoblauchzehe
2 Eier
200 g Kürbisfleisch, in Stücken
100 g Hartkäse
40 g Weizenmehl Type 405
1 TL gekörnter Gemüsebrühe
½ TL Salz
Pfeffer & Curry

Alle Zutaten in den Mixtopf geben und **6 Sekunden / Stufe 5** zerkleinern.

In einer beschichteten Pfanne mit kleine Puffer ausbacken.

Butterschmalz

Honig-Senf-Dip:
120 g Frischkäse
120 g saure Sahne 10%
20 g Akazienhonig
20 mittelscharfer Senf
½ TL Salz
1 Prise Pfeffer

Alle Zutaten in den Mixtopf geben und **8 Sekunden / Stufe 4** mischen.

Nährwerte je 100 g: 139,40 kcal • 584,01 KJ

7,41 g Eiweiß • **7,51 g** Fett • **10,27 g** KH • **1,31 g** Ballaststoffe • **0,85** BE

Spargel mit Kratzete und Eiersoße

Kratzete:
100 g Weizenmehl Type 405
3 Eier + 5 g Sonnenblumenöl
60 g Milch + 2 Prisen Salz — Alle Zutaten in den Mixtopf geben und **2 Minute / Stufe 5** mischen.

1 Bund Schnittlauch — in Röllchen geschnitten zum Teig geben und **5 Sekunden / Stufe 4** vermischen.
Mit

etwas Butterschmalz — in einer beschichteten Pfanne kleine Pfannkuchen ausbacken. Mit 2 Löffeln in kleine Stücke reißen. Warmhalten.

5 Eier — ins Garkörbchen legen.
500 g Spargel — holzige Enden abschneiden, schälen und in den Garaufsatz legen. Mit

1 TL gekörnter Gemüsebrühe — würzen.
Butterflöckchen (ca. 20 g) — über dem Spargel verteilen.
500 g heißes Wasser — in den Mixtopf füllen.
1 TL Salz + ½ TL Honig — zugeben. Das Garkörbchen einhängen, Deckel schliessen und Garaufsatz aufsetzen. **20 Minuten / Garstufe / Stufe 2** garen. Garkörbchen mit Eiern herausnehmen, kalt abschrecken und den Spargel weitere **10 Minuten / Garstufe / Stufe 2** garen.

Eiersoße:
20 g Apfelessig
Meersalz, Pfeffer
5 g scharfer Senf
50 g Sonnenblumenöl
30 g Olivenöl — Alle Zutaten in den Mixtopf geben und **10 Sekunden / Stufe 3** mischen.

Hartgekochte Eier, geschält — abgekühlt zugeben und **5 Sekunden / Knetstufe** vermischen.

Nährwerte je 100 g:	166,60 kcal • 697,61 KJ
6,71 g Eiweiß • 12,48 g Fett • 7,03 g KH • 0,91 g Ballaststoffe • 0,59 BE	

Gefüllte Gemüsetaschen

150 g Butter
130 g Vollmilch
1 Ei
400 g Weizenmehl Type 405
½ TL Backpulver
1 gestr. TL Salz

in den Mixtopf geben und **1 ½ Minute / Knetstufe** kneten. Den Teig zu einer Kugel formen und ½ Stunde kalt stellen.

Füllung:
50 g Rotkraut

im Mixtopf **5 Sekunden / Stufe 4-5** zerkleinern. Umfüllen.

2 Zwiebeln

schälen, halbieren und in Scheiben schneiden. In den Mixtopf geben.

10 g Olivenöl

zugeben und **3 Minuten / Garstufe / Stufe 1** andünsten. Umfüllen.

1 große Tomate

den Stielansatz entfernen und in Scheiben schneiden.

5 Blätter Eisbergsalat

waschen und in mundgerechte Stücke schneiden.

100 g Fetakäse

in Scheiben schneiden.

Ofen vorheizen:
200°C Ober-/Unterhitze

Den Teig mit Mehl knapp ½ cm dick auswellen und in gleich große Dreiecke schneiden. Die Hälfte der Dreiecke am Rand mit Eigelb bestreichen. Die verschiedenen Zutaten der Füllung darauf verteilen.
Mit

Cayennepfeffer und Salz
etwas Balsamicocreme

würzen.
darübergeben. Ein zweites Dreieck auflegen und mit einer Gabel den Rand fest drücken.

Nährwerte je 100 g: **268,26** kcal • 1123,05 KJ
6,43 g Eiweiß • **14,96 g** Fett • **26,95 g** KH • **1,78 g** Ballaststoffe • **2,21** BE

 *Backen*

Knoblauchcreme:
2 Knoblauchzehen

200 g Créme fraîche
200 g Sauerrahm 10%
5 g Zitronensaft
½ TL Ingwerpulver
½ TL Meersalz
10 g Senf, mittelscharf

Im vorgeheizten Backofen **bei 200°C Ober- / Unterhitze ca. 15-20 Minuten** goldgelb backen.

schälen und im Mixtopf **5 Sekunden / Stufe 5** zerkleinern.

Restliche Zutaten zugeben und **8 Sekunden / Stufe 3** mischen.

Die Taschen mit der Knoblauchcreme und einem gemischten Salat servieren.

Reisfrikadellen mit Tomatensoße

200 g Brokkoli	putzen, in Röschen teilen.
½ Salatgurke (200 g)	schälen, in Scheiben schneiden.
1 rote Paprika (200 g)	in Streifen schneiden.
	Den Garaufsatz mit Alufolie auslegen und das geschnittene Gemüse hinein geben.
Butterflöckchen	darübergeben und mit
1 TL gekörnter Gemüsebrühe	würzen.
150 g Naturreis	in das Garkörbchen geben.
800 g heißes Wasser	
1 TL gekörnter Gemüsebrühe	in den Mixtopf geben, Garkörbchen einhängen. Den Topf schliessen, Garaufsatz aufsetzen. **25 Minuten / Garstufe / Stufe 2** garen. Umfüllen. Das Gemüse warmhalten.
3 Frühlingszwiebeln, in Stücken	
1 Knoblauchzehe	im Mixtopf **5 Sekunden / Stufe 5** zerkleinern.
100 g Möhren, geputzt	in Stücken zugeben und **6 Sekunden / Stufe 5** zerkleinern.
Gegarter Reis	
2 Eier	
½ Tl Oregano	
Pfeffer, Salz	zugeben und **15 Sekunden / Stufe 3** mischen. Aus dem Teig mit nassen Händen kleine Frikadellen formen und in einer beschichteten Pfanne mit wenig Öl anbraten.

Nährwerte je 100 g: **65,83** kcal • **275,78** KJ

2,48 g Eiweiß • **2,29 g** Fett • **8,55 g** KH • **1,28 g** Ballaststoffe • **0,70** BE

Tomatensoße:
1 Dose Pizzatomaten (400 g)
1 TL Basilikum, Pfeffer
½ TL Rosenpaprika, scharf
10 g Aceto balsamico
2 TL gekörnter Gemüsebrühe
50 g Tomatenmark

Alle Zutaten in den Mixtopf geben.
10 Minuten / 100°C / Stufe 3 kochen.

100 g Sauerrahm 10%
Saft ½ Zitrone

zugeben und **5 Sekunden / Stufe 3** mischen.

Die Soße mit den Reisfrikadellen und dem gegarten Gemüse anrichten.

Würzige Käsetarte

200 g Dinkelmehl Type 630
1 Ei, 50 g kalte Butter
100 g Magerquark
½ TL Meersalz

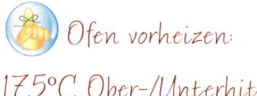 Ofen vorheizen:
175°C Ober-/Unterhitze

Alle Zutaten für den Mürbteig in den Mixtopf geben und **10 Sekunden / Stufe 6** rühren. Den Teig in einer eingefetteten Tarteform auswellen und einen Rand hochziehen. Im Ofen **10 Minuten** vorbacken.

100 g Greyerzer
100 g mittelalter Gouda

Käse in Stücken in den Mixtopf geben und **10 Sekunden / Stufe 5** zerkleinern. Umfüllen.

1 Zwiebel, halbiert (ca. 100 g)

in Scheiben geschnitten in den Mixtopf geben.

1 rote Paprika (ca. 200 g)

entkernen, waschen und in Streifen geschnitten zugeben.

20 g Olivenöl

zugeben. **4 Minuten / Garstufe / Stufe 1** dünsten.

2 Eier
200 g Mascarpone
100 g saure Sahne 20%
zerkleinerter Käse
Salz, Cayennepfeffer
1 Prise Muskat
1 Bund Schnittlauch, in Röllchen
geschnitten

Restliche Zutaten zugeben und **10 Sekunden / Stufe 3** rühren. Mit den Gewürzen kräftig abschmecken. Die Käsemasse auf dem vorgebackenen Boden verteilen.
Im vorgeheizten Backofen **bei 175°C Ober- / Unterhitze 30 Minuten** backen.

 Backen

Nährwerte je 100 g:	249,34 kcal • 1041,08 KJ
9,53 g Eiweiß • 17,73 g Fett • 12,87 g KH • 1,60 g Ballaststoffe • 1,04 BE	

Gemüseküchlein mit Kräutersoße

60 g mittelalter Gouda	**8 Sekunden / Stufe 6** zerkleinern. Umfüllen.
½ Zwiebel 1 Knoblauchzehe	schälen und beides in den Mixtopf geben. **5 Sekunden / Stufe 5** zerkleinern.
100 g Möhren 200 g Kartoffeln	beides schälen und in Stücken in den Mixtopf geben.
100 g Zucchini, in Stücken 1 Ei Pfeffer, 1 Prise Muskat 30 g Weizenmehl Type 1050 zerkleinerter Gouda 2 Tl gekörnter Gemüsebrühe	Restliche Zutaten zugeben und **5 Sekunden / Stufe 5** zerkleinern.
	Mit
Butterschmalz oder Sonnenblumenöl	in einer beschichteten Pfanne kleine Puffer goldbraun ausbacken. Im Backofen bei 50°C warmhalten.

Kräutersoße:
50 g Sauerrahm 20%
Schnittlauch (2 cm-Stücke), Dill
Petersilie (Menge nach Geschmack)
Salz und Pfeffer

10 g Senf, mittelscharf	Zutaten in den Mixtopf geben und **8 Sekunden / Stufe 8** vermischen.
150 g Sauerrahm 20%	zugeben und **8 Sekunden / Stufe 2** rühren. Mit den Küchlein servieren!

Nährwerte je 100 g: 150,80 kcal • 631,82 KJ
5,26 g Eiweiß • **10,64 g** Fett • **8,40 g** KH • **1,44 g** Ballaststoffe • **0,70 BE**

Nudelsalat

1 Knoblauchzehe
1 Bund gemischte Kräuter — zusammen in den Mixtopf geben und **5 Sekunden / Stufe 5** zerkleinern.

200 g Wasser
1 EL gekörnter Gemüsebrühe
¼ TL Pfeffer
200 g Sauerrahm 20%
20 g Meerrettich (Glas) — Alle Zutaten zugeben und **5 Minuten / 90°C / Stufe 3** erwärmen und in eine große Schüssel umfüllen. Mixtopf nicht ausspülen.

1 gelbe Paprika, 1 Zucchini
150 g Zuckerschoten
150 g Champignons
1 TL gekörnter Gemüsebrühe — Gemüse putzen, in mundgerechte Stücke schneiden, würzen und in den Garaufsatz füllen.

1 Liter heißes Wasser
1 TL Salz
10 g Olivenöl
200 g Nudeln — in den Mixtopf geben. Den Topf schliessen und den Garaufsatz aufsetzen. Ca. **15 Minuten / Garstufe / Linkslauf / Stufe 1** bissfest garen. Garprobe machen.
Das gegarte Gemüse zu der Salatsoße in die Schüssel geben. Die Nudeln in den Garaufsatz abgießen, kurz abschrecken und abtropfen lassen.

200 g Cocktailtomaten — waschen, halbieren und mit den Nudeln in die Schüssel geben. Vermischen und servieren. Schmeckt lauwarm, aber auch kalt sehr gut.

Nährwerte je 100 g: 100,14 kcal • 420,20 KJ
3,51 g Eiweiß • **4,05 g** Fett • **12,21 g** KH • **2,14 g** Ballaststoffe • **1,01** BE

Bunter Kartoffeltopf

400 g Kartoffeln	schälen, waschen und vierteln. Im Garaufsatz verteilen.
1 Knoblauchzehe	in den Mixtopf geben und **5 Sekunden / Stufe 5** zerkleinern.
1 Zwiebel	schälen, in den Mixtopf geben. **3 Sekunden / Stufe 5** zerkleinern. Alles mit dem Spatel nach unten schieben.
10 g Olivenöl	zugeben und **3 Minuten / Garstufe / Stufe 1** dünsten. Über die Kartoffeln geben.
1 Paprika, rot	waschen, die Innenwände entfernen, in Streifen schneiden.
150 g grüne Bohnen 100 g Zuckermais 1 Dose Kidneybohnen, abgetropft (250 g) 1 kleine Zucchini, in Scheiben	Das restliche Gemüse zu den Kartoffeln geben. Mit
Rosenpaprika, Chilipulver 1 TL gekörnter Gemüsebrühe	würzen.
50 g Butter	in Butterflöckchen darüber verteilen.
1 Zwiebel, halbiert	im Mixtopf **5 Sekunden / Stufe 5** zerkleinern.
1 Dose Pizzatomaten (400 g) 400 g heißes Wasser 50 g Rotwein 2 TL gekörnter Gemüsebrühe	in den Mixtopf zugeben, den Garaufsatz aufsetzen und **30 Minuten / Garstufe / Stufe 2** kochen.
Garsud	im Mixtopf lassen.
5 g Zucker, 20 g Tomatenmark 20 g Weizenmehl Type 1050	zugeben und **3 Minuten / 100°C / Stufe 4** kochen. Soße kräftig abschmecken und sofort mit dem Kartoffeltopf servieren.

Nährwerte je 100 g: 67,51 kcal • 282,06 KJ

2,22 g Eiweiß • **3,06 g** Fett • **7,49 g** KH • **2,18 g** Ballaststoffe • **0,62 BE**

Gefüllte Tortillas

Honig-Senf-Soße:
150 g saure Sahne, 30 g Senf, mittelscharf
30 g Akazienhonig, 20 g Orangensaft
½ gestr. TL Salz, Pfeffer

Alle Zutaten in den Mixtopf geben und **10 Sekunden / Stufe 3** mischen. Umfüllen. Mixtopf säubern.

Füllung:
1 Tomate

den Stielansatz entfernen und in Scheiben schneiden.

100 g Eisbergsalat — in Streifen schneiden.
100 g Salatgurke — schälen, würfeln.
200 g Fetakäse — würfeln.

Tortilla:
50 g Butterschmalz
340 g Weizenmehl Type 1050
1 TL Meersalz

in den Mixtopf geben. **1 Minute / Knetstufe** vermischen.

120 g Wasser

zugeben und nochmals **1 Minute / Knetstufe** kneten. Den Teig herausnehmen. Von Hand zusammenkneten. In 6 Portionen teilen und jeweils zu einem Ball formen. Dann jeweils zu einem Tortilla auswellen und mit wenig Öl auf beiden Seiten ausbacken. Sofort in feuchtes Küchentuch einschlagen, damit sie weich bleiben. Die Zutaten für die Füllung darauf verteilen und zu einem Wrap falten: von unten hochklappen, dann die rechte Seite nach links und die linke Seite nach rechts klappen. Mit Honig-Senf-Soße servieren.

Nährwerte je 100 g: 195,64 kcal • 819,52 KJ
6,23 g Eiweiß • **9,88 g** Fett • **20,27 g** KH • **1,67 g** Ballaststoffe • **1,69** BE

Penne mit Olivenpesto und Gemüse

Pesto:
50 g Pecorino, in Stücken
40 g eingel. getr. Tomaten
1 Knoblauchzehe
1 Bund Basilikum
60 g grüne Oliven in Kräutern

Alle Zutaten in den Mixtopf geben und **5 Sekunden / Stufe 7** zerkleinern.

40 g Olivenöl
¼ TL Salz, Pfeffer

zugeben und **10 Sekunden / Stufe 4** vermischen und umfüllen.

1 rote Paprika (ca. 200 g)
1 kleine Zucchini (ca. 100 g)
150 g Champignons
1 TL gekörnter Gemüsebrühe

Gemüse putzen, in mundgerechte Stücke bzw. Scheiben schneiden, würzen und in den Garaufsatz füllen.

1200 g heißes Wasser
1 TL Meersalz
10 g Olivenöl
280 g Penne

in den Mixtopf geben. Mixtopf verschließen und den Garaufsatz aufsetzen. Ca. **15 Minuten / Garstufe / Linkslauf / Stufe 1** bissfest garen (Garprobe machen).
Das gegarte Gemüse mit dem Pesto in eine Schüssel geben, Nudeln in den Garaufsatz abgießen und kurz abtropfen lassen. Zum Gemüse geben, vermischen und sofort servieren.

Nährwerte je 100 g: **112,37** kcal • **470,80** KJ
3,86 g Eiweiß • **4,83 g** Fett • **13,13 g** KH • **1,64 g** Ballaststoffe • **1,06** BE

Tomatenreis mit Fetakäse

1 Zwiebel (50 g)	schälen, halbieren und in den Mixtopf geben. **5 Sekunden / Stufe 5** zerkleinern.
20 g Olivenöl	zugeben und **3 Minuten / Garstufe / Stufe 1** dünsten.
200 g Reis	zugeben. Nochmals **3 Minuten / Garstufe / Stufe 1** dünsten. In den Garaufsatz füllen.
1 gelbe Paprika	die Innenwände entfernen, waschen und in Streifen schneiden. Zum Reis geben.
1 kleine Zucchini	in Scheiben schneiden. Ebenfalls in den Garaufsatz geben.
½ Dose Pizzatomaten	darübergeben.
150 g Champignons	putzen, in Scheiben schneiden und zugeben.
10 Cocktailtomaten	dazulegen. Mit
2 TL gekörnter Gemüsebrühe Pfeffer	würzen und alles vermischen.
200 g Schafskäse	würfeln und darubergeben.
600 g heißes Wasser	
2 geh. TL gekörnter Gemüsebrühe	
½ Dose Pizzatomaten	in den Mixtopf geben, den Topf verschliessen, Garaufsatz aufsetzen und **30 Minuten / Garstufe / Stufe 2** kochen. Den Tomatenreis warmstellen.
Garsud	im Mixtopf belassen.
30 g Weizenmehl Type 1050	
80 g Sahne, Saft ½ Zitrone	
20 g Butter	zugeben und in **3 Minuten / 100°C / Stufe 4** eine Soße zubereiten.

Nährwerte je 100 g: **110,85** kcal • **465,00** KJ
3,74 g Eiweiß • **5,58 g** Fett • **11,27 g** KH • **0,99 g** Ballaststoffe • **0,94** BE

Brokkolitoast

Toastbrot	nach dem Rezept von Seite 30 backen.

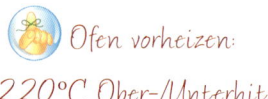

Ofen vorheizen:
220°C Ober-/Unterhitze

100 g mittelalter Gouda, in Stücken *1 Handvoll Petersilie*	zusammen in den Mixtopf geben und **5 Sekunden / Stufe 6** zerkleinern.
100 g Frischkäse *1 Ei* *1 TL gekörnter Gemüsebrühe* *Pfeffer*	zugeben. **10 Sekunden / Stufe 3** mischen. Umfüllen.
300 g Brokkoli	in Röschen teilen und in das Garkörbchen geben. Mit
1 TL gekörnter Gemüsebrühe *500 g heißes Wasser*	würzen. in den Mixtopf geben, Garkörbchen einhängen. **14 Minuten / Garstufe /** **Stufe 2** garen.
8 Scheiben Toast *Butter*	mit und Ei-Käsemischung bestreichen, Brokkoli darauf verteilen.
8 Cocktailtomaten	halbieren und auf die Toastscheiben verteilen.
2 Scheiben Gouda	in Stücken über das Gemüse verteilen.

 *Backen*

Ca. **10 Minuten bei 220°C Ober- /**
Unterhitze überbacken.

Nährwerte je 100 g:	191,24 kcal • 801,32 KJ

9,71 g Eiweiß • **11,05 g** Fett • **13,09 g** KH • **1,74 g** Ballaststoffe • **1,09** BE

Dinkeltaler an Tomatensoße

100 g Dinkel	in den Mixtopf geben und **10 Sekunden / Stufe 7** zerkleinern. Umfüllen.
1 Zwiebel *1 Knoblauchzehe*	beides in den Mixtopf geben und **5 Sekunden / Stufe 5** zerkleinern.
150 g heißes Wasser *1 TL gekörnter Gemüsebrühe*	und den zerkleinerten Dinkel zugeben und **10 Minuten / 90°C / Stufe 1** kochen. Umfüllen und abkühlen lassen.
150 g Möhren	schälen, in Stücken in den Mixtopf geben und **6 Sekunden / Stufe 5** zerkleinern.
1 Ei *10 g Sesam* *½ TL Basilikum, Pfeffer, Salz* *Dinkelbrei*	zugeben und **15 Sekunden / Stufe 3** mischen. Aus dem Teig kleine Taler formen und in einer beschichteten Pfanne mit wenig Öl ausbacken.
500 g passierte Tomaten *1 TL Basilikum, Pfeffer* *½ TL Paprika, rosenscharf* *10 g Aceto balsamico* *2 TL gekörnter Gemüsebrühe*	Tomaten mit den Gewürzen in den Mixtopf geben. **10 Minuten / 100°C / Stufe 3** erhitzen.
100 g Sauerrahm 20%	zugeben und **5 Sekunden / Stufe 3** mischen. Die Dinkeltaler mit der Soße anrichten.

Nährwerte je 100 g: 11,15 kcal • 47,63 KJ
0,63 g Eiweiß • **0,14 g** Fett • **1,64 g** KH • **0,63 g** Ballaststoffe • **0,13** BE

Panierter Spargel

500 g weißer Spargel	schälen und in den Garaufsatz legen. Mit
1 TL gekörnter Gemüsebrühe	würzen.
500 g heißes Wasser	in den Mixtopf geben und den Spargel **25 Minuten / Garstufe / Stufe 2** garen. Abkühlen lassen.
2 Eier	in einer flache Schale verquirlen.
40 g Paniermehl	mit
1 Handvoll Kräuter	in den Mixtopf geben. **5 Sekunden / Stufe 7** zerkleinern.
	Die Spargelstangen zuerst in
Mehl	dann in den verquirlten Eiern und zuletzt in dem Kräuter-Paniermehl wenden. In einer beschichteten Pfanne mit
Sonnenblumenöl	ausbacken.

Nährwerte je 100 g: **94,91** kcal • **397,21** KJ
4,65 g Eiweiß • **5,10 g** Fett • **7,52 g** KH • **1,47 g** Ballaststoffe • **0,62** BE

Pancakes

230 g Weizenmehl Type 405
2 Päckchen Vanillezucker
2 TL Backpulver
1 Prise Salz
2 Eigelb
½ Liter Vollmilch

Zutaten für den Teig in den Mixtopf geben und **15 Sekunden / Stufe 5** mixen. In eine Schüssel umfüllen. Den Teig 30 Minuten quellen lassen.

2 Eiweiß
1 Prise Salz
10 g Zucker

in den gesäuberten und fettfreien Mixtopf geben. Rühraufsatz einsetzen und **4 Minuten / 37°C / Stufe 4** zu Schnee steif schlagen. Vorsichtig unter den Teig heben.

wenig Sonnenblumenöl

1 EL Preisel- und Heidelbeeren

In einer beschichteten Pfanne mit kleine Pancakes ausbacken. Jedesmal auf den frisch aufgegossenen Teig verteilen.

Ahornsirup

Mit servieren!

Nährwerte je 100 g: 166,21 kcal • 696,07 KJ
4,89 g Eiweiß • **5,56 g** Fett • **23,79 g** KH • **0,94 g** Ballaststoffe • **1,98** BE

Erdbeeren auf Basilikumcreme

400 g Schlagsahne
2 Päckchen Sahnesteif   zusammen in den kalten Mixtopf ge-
                                 ben und auf **Stufe 10** steif schlagen.
                                 Umfüllen.

1 Handvoll Basilikum   in den sauberen Mixtopf geben und
                                 5 Sekunden / Stufe 7 zerkleinern.

80 g Zitronensaft
Schale einer Bio-Zitrone
350 g Magerquark
60 g Rohrzucker   Alle Zutaten zugeben. **10 Sekunden /
                                 Stufe 4** mischen.

geschlagene Sahne   von Hand unterheben und die Creme
                                 in Gläser verteilen. Mindestens 1 Stun-
                                 de kalt stellen.

500 g Erdbeeren   putzen und die Hälfte davon vierteln.
                                 Die Erdbeerstücke auf die Creme in
                                 Schälchen verteilen.
                                 Die andere Hälfte der Erdbeeren mit
20 g Rohrzucker   in den Mixtopf geben und **5 Sekun-
                                 den / Stufe 5** pürieren.

                                 Kurz vor dem Servieren das Erdbeer-
                                 pürree auf der Basilikumcreme vertei-
                                 len.

Nährwerte je 100 g: **140,47** kcal • **588,61** KJ

4,34 g Eiweiß • **8,62 g** Fett • **10,93 g** KH • **0,72 g** Ballaststoffe • **0,91** BE

Eierlikörpudding

Pudding:

Rühraufsatz einsetzen!

350 g Sojamilch
20 g Rohrzucker
250 g Eierlikör
50 g Speisestärke

in den Mixtopf geben und **9 Minuten / 90°C / Stufe 3** kochen. In Silikonförmchen verteilen und abkühlen lassen.

Schokosoße:
50 g Zartbitterschokolade

in den Mixtopf geben und **3 Sekunden / Stufe 8** zerkleinern.

50 g Schlagsahne
1 TL Vanillezucker

zugeben und **3 Minuten / 50°C / Stufe 2** erhitzen.

Pudding aus den Förmchen stürzen und mit der Schokoladensoße garnieren.

Nährwerte je 100 g: **227,22** kcal • **951,36** KJ

9,02 g Eiweiß • **10,77 g** Fett • **16,09 g** KH • **4,14 g** Ballaststoffe • **1,34** BE

Grießschnitten mit Obst

300 g Vollmilch
50 g Butter
20 g Rohrzucker
1 Prise Salz

120 g Hartweizengrieß

etwas Butterschmalz

Alle Zutaten in den Mixtopf geben und **5 Minuten / 100°C / Stufe 2** erhitzen.

zugeben und **1 Minute / 100°C / Stufe 2** kochen. Die Grießmasse auf ein Blech streichen, etwas abkühlen lassen und in Rauten schneiden. Die Rauten in einer beschichteten Pfanne mit

von beiden Seiten knusprig anbraten und mit frischem Obst oder Kompott servieren.

Nährwerte je 100 g: **205,52** kcal • **861,26** KJ

2,16 g Eiweiß • **18,58 g** Fett • **7,98 g** KH • **0,17 g** Ballaststoffe • **0,67** BE

Obstkompott

500 g Äpfel, Birnen *(je nach Saison)*	schälen, Kerngehäuse entfernen und in Schnitze schneiden. In das Garkörbchen füllen.
150 g heißes Wasser **100 g Roséwein**	in den Mixtopf geben, Garkörbchen einhängen.
Saft ½ Zitrone **1 Päckchen Vanillezucker**	beides über das Obst geben. Den Mixtopf schließen und den Meßbecher auf den Topfdeckel legen. **13 Minuten / Garstufe / Stufe 2** dämpfen. In einer Schüssel füllen, den Sud darübergießen und abkühlen lassen.

 **Tipp**

Für Kinder den Wein durch Apfelsaft ersetzen!

Nährwerte je 100 g: **50,73** kcal • **212,68** KJ
0,30 g Eiweiß • **0,24 g** Fett • **9,29 g** KH • **1,53 g** Ballaststoffe • **0,77** BE

Apfeldessert mit Amaretti

100 g Amaretti	im Mixtopf **4 Sekunden / Stufe 4** zerkleinern. Umfüllen.
700 g Boskop-Äpfel	waschen, vierteln, entkernen und in den Mixtopf geben.
Saft 1 Zitrone	
1 Päckchen Vanillezucker	zugeben und mit Hilfe des Spatels **10 Sekunden / Stufe 6** zerkleinern.
50 g Orangensaft	zugeben und **12 Minuten / 100°C / Stufe 2** kochen. **10 Sekunden / Stufe 9** pürieren. Umfüllen und abkühlen lassen.
200 g Mascarpone	
250 g Magerquark	
80 g Milch 1,5%	
40 g Zucker	Alle Zutaten in den Mixtopf geben. **10 Sekunden / Stufe 5** mischen. ¾ der Creme in Gläser verteilen.
1 Apfel	waschen, vierteln, entkernen und in dünne Scheiben schneiden.
1 EL Zitronensaft	über die Apfelscheiben verteilen, damit sie nicht braun werden.
Abgekühltes Apfelmus	über die Mascarponecreme verteilen.
Amarettibrösel	darüber geben. Wichtig - ca. 2 EL zum Dekorieren zurückbehalten.
¾ der Apfelscheiben	darüberschichten.
restliche Mascarponecreme	darüber verteilen oder mit einem Spritzbeutel spritzen.
	Mit den restlichen Äpfelstückchen und Amarettibröseln verzieren.

Nährwerte je 100 g: **132,76** kcal • **553,15** KJ
3,70 g Eiweiß • **6,58 g** Fett • **14,16 g** KH • **1,33 g** Ballaststoffe • **1,15** BE

Mokkadessert mit Kirschen

Rühraufsatz einsetzen!

200 g Sahne
1 Päckchen Sahnesteif

beides in kalten Mixtopf geben und auf **Stufe 3** steifschlagen. Umfüllen.

250 g Magerquark
150 g kalter Espresso
150 g Vollmilchjoghurt
50 g Rohrzucker

in den Mixtopf geben und **15 Sekunden / Stufe 3** mischen.

geschlagene Sahne

zugeben und **30 Sekunden / Stufe 3** unterziehen. Umfüllen!

300 g gefrorene Sauerkirschen
50 g Kirschlikör
30 g Rohrzucker

in den Mixtopf geben und **5 Sekunden / Stufe 8** zerkleinern. Umfüllen.

In Dessertschälchen abwechselnd Creme und Fruchtpüree schichten. Die letzte Schicht sollte die Creme sein. Kalt stellen!

Vor dem Servieren mit

Schokostreuseln
Waffelröllchen

und
garnieren.

Nährwerte je 100 g: 142,89 kcal • 598,44 KJ

4,07 g Eiweiß • **6,69 g** Fett • **14,28 g** KH • **0,31 g** Ballaststoffe • **1,19** BE

Sektcreme mit Erdbeeren

Saft von 3 Zitronen
60 g Maisstärke (z.B. Maizena)
60 g Zucker   in den Mixtopf geben und **5 Sekunden / Stufe 5** mischen.

100 g Roséwein
1 Piccolo Sekt   zugeben und **5 Minuten / 100°C / Stufe 2** erhitzen. Umfüllen und kalt werden lassen.
Den Mixtopf säubern.

500 g Erdbeeren   putzen. 10 Erdbeeren halbieren und beiseite stellen. Den Rest der Erdbeeren würfeln.

Rühraufsatz einsetzen!

2 Eiweiß
30 g Zucker   in den Mixtopf geben und **5 Minuten / 37°C / Stufe 3** schlagen. In eine große Schüssel umfüllen.
Den Mixtopf säubern.

Rühraufsatz einsetzen!

200 g Schlagsahne   in den kalten Mixtopf geben und auf **Stufe 3** steif schlagen.
Die geschlagene Sahne und die Sektcreme zum Eischnee geben und von Hand mit einem Lochkochlöffel vorsichtig unterziehen.
Die halbierten Erdbeeren in 4 hohe Gläser verteilen. Als nächste Schicht die Sektcreme darauf verteilen. Zum Schluss die Erdbeerwürfel. Kalt stellen. Mit Schokostreuseln dekorieren!

Nährwerte je 100 g: 117,93 kcal • 493,91 KJ
1,45 g Eiweiß • **4,88 g** Fett • **12,60 g** KH • **0,85 g** Ballaststoffe • **1,05** BE

Vermicelles (Maronicreme)

**400 g ungekochte,
geschälte Maroni
700 g heißes Wasser**

zusammen in den Mixtopf geben.
38 Minuten / Garstufe / Stufe 1 ko-
chen. Dann **40 Sekunden / Stufe 6**
mit Hilfe des Spatels pürieren.

**160 g Rohrzucker
120 g Butter**

zugeben und **20 Sekunden / Stufe 6**
vermischen.
Die Creme durch eine Teigpresse in
Dessertschalen drücken. Mit Baiser-
stückchen und Vanilleeis servieren.
Man kann die Creme zur Aufbewah-
rung auch einfrieren.

 *Tipp*

Maroni mit Schale werden kreuzwei-
se eingeschnitten und im Backofen
bei 240°C geröstet. Im noch heißen/
warmen Zustand schälen, so geht es
am besten. Sie sollten gleich weiter-
verarbeitet werden, da sie sehr schnell
schimmeln.

Nährwerte je 100 g: **213,09** kcal • **892,31** KJ

1,02 g Eiweiß • **10,41 g** Fett • **28,79 g** KH • **3,27 g** Ballaststoffe • **2,40** BE

Mango-Tee

1 Liter heißes Wasser	in den Mixtopf geben und **5 Minuten / Garstufe / Stufe 1** erhitzen. Garkörbchen einsetzen.
5 g Ingwer	schälen und in Stücken zugeben.
20 g Honig	zugeben.
Schale ½ ungespritzten Zitrone	in Streifen zugeben.
4 TL grüner Tee	zugeben und **3 Minuten / 90°C / Stufe 1** ziehen lassen. Das Garkörbchen herausnehmen. Den Tee in einen Krug füllen.
2 Mango	schälen, Fruchtfleisch vom Kern lösen und in den Mixtopf geben. **4 Sekunden / Stufe 6** pürieren.
500 g Orangensaft	
Saft 1 Zitrone	
40 g weißer Rum	Rest zugeben und **6 Sekunden / Stufe 10** mischen. In den Krug mit dem Tee füllen und sofort servieren.

 Info

Herz- und magenwärmend!

Nährwerte je 100 g: **32,14** kcal • **134,66** KJ

0,46 g Eiweiß • **0,14 g** Fett • **5,51 g** KH • **0,53 g** Ballaststoffe • **0,46** BE

Vanillesirup

Mark 1 Vanilleschote
100 g Rohrzucker
150 g Roséwein
100 g heißes Wasser
3 Lavendelblütenzweige
1 unbehandelte Zitrone,
in Scheiben geschnitten

Alle Zutaten in den Mixtopf geben und **15 Minuten / 100°C / Stufe 1** ohne Messbecher kochen. Absieben, sofort in heiß ausgespülte Flaschen abfüllen und verschließen.

Nährwerte je 100 g:	140,37 kcal • 587,49 KJ

0,16 g Eiweiß • **0,08 g** Fett • **26,58 g** KH • **0,26 g** Ballaststoffe • **2,21** BE

Nektarinen-Sekt

3 Nektarinen, in Stücken gefroren
30 g Vanillesirup

in den Mixtopf geben und **5 Sekunden / Stufe 10** pürieren.

1 Flasche Sekt

bei laufendem Messer / Stufe 6 in den Mixtopf gießen.

Nährwerte je 100 g:	73,89 kcal • 308,65 KJ

0,39 g Eiweiß • **0,03 g** Fett • **6,84 g** KH • **0,68 g** Ballaststoffe • **0,57** BE

Limetten-Long-Drink

10 g Ingwer, geschält
10 Minzeblättchen

beides in den Mixtopf geben. **5 Sekunden / Stufe 7** zerkleinern. Die Stückchen von den Wänden mit dem Spatel nach unten schieben.

Saft von 3 Limetten
20 g Rohrzucker

zugeben. **3 Minuten / 90°C / Stufe 2** erhitzen. In hohes Gefäß füllen. Mit

1 Liter kaltem Mineralwasser

auffüllen. Mindestens ½ Stunde im Kühlschrank ziehen lassen.

200 g Eiswürfel

in den Mixtopf geben und **4 Sekunden / Stufe 4-5** zerkleinern.
In 4 Longdrinkgläser verteilen. Mit jeweils

20 ml Campari
abgesiebtem Limettensaft

und
auffüllen.
Sofort mit unbehandelter Limettenscheibe und Minzeblättchen servieren!

Nährwerte je 100 g: 26,11 kcal • 109,46 KJ

0,04 g Eiweiß • **0,12 g** Fett • **3,01 g** KH • **0,02 g** Ballaststoffe • **0,25** BE

Index

Index

Neues Kochbuch - Geschenke aus dem Thermomix!

In unseren Rezepten finden Sie alle benötigten Informationen.

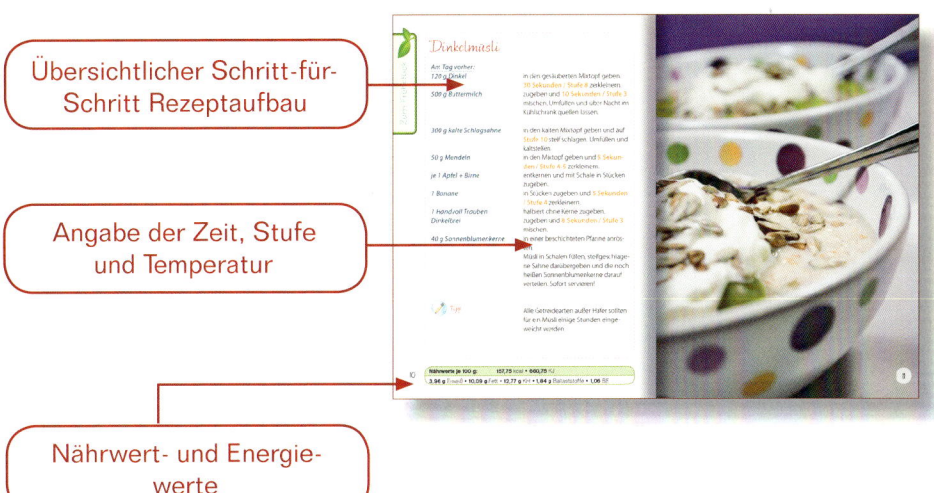

Übersichtlicher Schritt-für-Schritt Rezeptaufbau

Angabe der Zeit, Stufe und Temperatur

Nährwert- und Energie-werte

Liebevoll gebacken, gekocht, gemixt und fantasievoll eingepackt. Selbstgemachte Geschenke sind immer beliebte Mitbringsel.

Duftendes Gebäck, süße Pralinen, Seifen, pikante Marmeladen und Chutneys, süß, scharf oder pikant - zu jedem Anlass eine Rezeptidee, selbstgemacht in Ihrem Thermomix.

Wunderbar fotografiert von Gabi Wolpensinger.

Kapitelübersicht: Gebackene Geschenke, Pralinen, Duftende Geschenke, Liköre & Weine, Aus dem Garten, Scharf & Pikant.

In unserem Shop finden Sie das Inhaltsverzeichnis und die Musterseiten.

Das bieten wir an:

- Kochbücher für Thermomix® TM31 oder TM21.
- In den Rezepten sind alle notwendige Angaben für die Zubereitung im Thermomix angegeben (Stufe, Temperatur und Zeit).
- Alle Bücher sind als praktisches Ringbuch im A5-Format gebunden und lassen sich dank der stabilen Spiralbindung um 360° umklappen.
- Viele Bücher beinhalten Nährwerte, damit Sie die Punkte mit dem Kalkulator selbst ausrechnen können.
- Die neuesten Bücher haben hochwertige Fotos zu jedem Rezept.
- Inhaltsverzeichnisse und Musterseiten zum Blättern in unserem Internetshop.

BLECH- U. RÜHRKUCHEN
Die schnellsten Kuchen.
50 Rezepte für Blechkuchen und 50 Rezepte für Rührkuchen.
Best.-Nr. 010 • Preis € 12,-

KOCHSCHULE 1
Das richtige Buch für TM-Anfänger. Große Vielfalt an Rezepten der täglichen Küche.
Best.-Nr. 011 • Preis € 13,50

KOCHSCHULE 2
Hier der zweite Band. Unkomplizierte, schnelle Rezepte.
Best.-Nr. 012 • Preis € 13,50

FRISCHE KÜCHE
Schnelle, leichte und gemüsereiche Kost. Viele Rezepte für den Garaufsatz.
Best.-Nr. 014 • Preis € 13,50

JAHRESZEITEN
Kochen mit den Jahreszeiten. Mit den jahreszeitüblichen Zutaten.
Best.-Nr. 015 • Preis € 13,50

LEICHTE KÜCHE
Rezepte, die nichts am Genuss einbüßen und obendrein gesund sind.
Best.-Nr. 020 • Preis € 16,50
BUCH MIT FOTOS!

SCHNELLE KÜCHE
Gerichte, die man im Handumdrehen zubereiten kann. Tägliche, unkomplizierte Küche.
Best.-Nr. 021 • Preis € 16,50
BUCH MIT FOTOS!

KOCHSCHULE 3
Der dritte Band. Unkomplizierte, bodenständige Rezepte.
Best.-Nr. 024 • Preis € 16,50
BUCH MIT FOTOS!

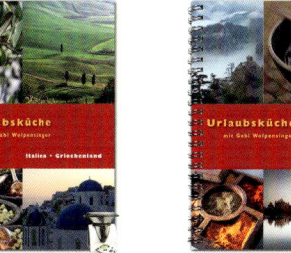

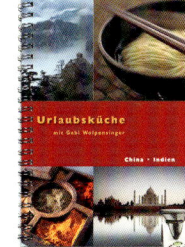

URLAUBSKÜCHE 1
Rezepte zum Träumen. Das Feeling von Sonne und Meer zu Hause zum Nachkochen.
Best.-Nr. 022 • Preis € 16,50
BUCH MIT FOTOS!

URLAUBSKÜCHE 2
Fernöstliche Leckereien aus Ihrem Thermomix. Süß, sauer und gerne auch scharf.
Best.-Nr. 023 • Preis € 16,50
BUCH MIT FOTOS!

HEUTE OHNE FLEISCH
Backen und Kochen ohne Fleisch. Mit Obst und Gemüse, leicht und lecker durch den Tag.
Best.-Nr. 025 • Preis € 16,50
BUCH MIT FOTOS!

SÜSSES BACKWERK
Ein Standardwerk mit Grundrezepten für alle gängigen Teige. Obstkuchen, Apfelkuchen, herzhaftes Gebäck uvm.
Best.-Nr. 013 • Preis € 12,-

Accessoires für die Küche

BACKEN, RÜHREN, MIXEN
Ein sehr umfangreiches Backbuch mit 120 Rezepten. Inclusive Weihnachtsbäckerei ist alles dabei.
Best.-Nr. 001 • Preis € 12,-

KOCHEN, RÜHREN, MIXEN TEIL 1
Unser Grundkochbuch für die TM21-Benutzer. Alle wichtigsten Rezepte für den Anfang.
Best.-Nr. 002 • Preis € 12,-

KOCHEN, RÜHREN, MIXEN TEIL 2
Der zweite Band von unserem Grundkochbuch für die TM21-Benutzer. Rezepte für den Anfang.
Best.-Nr. 003 • Preis € 12,-

FRISCHE KÜCHE
Hier Ausgabe für TM21. Schnelle, leichte und gemüsereiche Kost. Viele Rezepte für den Garaufsatz.
Best.-Nr. 017 • Preis € 12,-

MINIMUFFINSFORM MIT DRÜCKER
Für kleineTartes, Muffins, Fingerfood und andere „kleine" Ideen. Rezepte finden Sie z. B. in unserem Buch Urlaubsküche Teil 1.

DAUERBACKFOLIEN
Wiederverwendbare Backfolien - braun, schwarz und silber mit unterschiedlichen Backeigenschaften.

KÜCHENSIEB AUS SILIKON
Platzsparend faltbar. Leicht zu reinigen. Lieferbar in mehreren Farben.

BESCHICHTETE BACKFORMEN
Ideal zum Abbacken knuspriger Brötchen und Baguettes.

KOCHEN, DÜNSTEN, GAREN
Rezeptbuch für den Garaufsatz. Komplette Menüs, viele Suppen, Soßen, Aufläufe und Hauptgerichte.
Best.-Nr. 004 • Preis € 12,-

GETRÄNKE & BROTAUFSTRICHE
50 alkoholfreie Getränke, 50 süße und herzhafte Aufstriche. Zum Selbermachen.
Best.-Nr. 005 • Preis € 12,-

RICHTIG TRENNEN
Ein Trennkostbuch für TM21-Benutzer. 111 erprobte Rezepte mit Nährwerten und Trennkost-Kennzeichnung.
Best.-Nr. 006 • Preis € 12,-

JAHRESZEITEN
Hier Ausgabe für den TM21. Kochen mit den Jahreszeiten. Mit den jahreszeitüblichen Zutaten.
Best.-Nr. 018 • Preis € 12,-

MUFFINSFÖRMCHEN AUS SILIKON
Beim Teigeinfüllen halten sie „Stand". Beim Backen läuft nichts aus. Und dann in der Spülmaschine waschen und wieder benutzen.

BUCHSTÄNDER
Mit diesem Stander steht Ihr Kochbuch direkt auf dem Arbeitsplatz drumherum gut geschützt

DEKORATIVER HALTER FÜR MUFFINS
Eine sehr schöne Idee fürs Servieren von Muffins und Cupcakes. Wunderschön auf dem Tisch. Ein Muss für jeden Kindergeburtstag.

GESCHIRR AUS MELAMIN
Wir bieten eine große Auswahl an Tellern, Tassen und Servierschüsseln aus Melamin an. Ideal für Camping oder Gartenparty.

FLEISCHLOSE TAGE TEIL 1
100 Vollwertrezepte mit Nährwertangaben. Bratlinge, vollwertiges Frühstück, Vollwertbäckerei, Suppen und Hauptgerichte.
Best.-Nr. 007 • Preis € 12,-

FLEISCHLOSE TAGE TEIL 2
Kochbuch für Allergiker. Glutenfreie Rezepte, mit Reis, Mais und Buchweizen. Und für Milcheiweißallergiker Rezepte mit Tofu und Soja.
Best.-Nr. 008 • Preis € 12,-

TORTENBUCH
100 erprobte Tortenrezepte, Schritt für Schritt geschrieben, dass alles sicher gelingt. Zaubern Sie perfekte Torte zu jedem Anlass.
Best.-Nr. 009 • Preis € 12,-

KÜCHENZANGE
Aus Silikon, daher hitzebeständig bis 260°C und spülmaschinengeeignet. Zum Umdrehen vom Fleisch in der Pfanne oder zum Servieren. In mehreren Farben lieferbar.

PIZZASTEIN MIT SCHNEIDEMESSER
Zum Backen von Pizza (frisch oder gefroren), Brot und Brötchen oder Kuchen. 32 cm groß und mit Griffen zum Servieren.

DEKO-QUEEN
Ein Set zum Dekorieren von CupCakes, Kuchen und Desserts, mit großer Stern- und Lochtülle aus Edelstahl.

SILIKONBACKFORMEN
Wir bieten eine große Auswahl an verschiedenen Backformen aus Silikon an.

Weitere Spezialangebote finden Sie auf unserer Homepage:

www.tm-kochbuch.de
oder
Hotline 07044 901170

keller
VERSAND- UND VERLAGSBUCHHANDLUNG

TM21